GESCHICKT
EINGEFÄDELT

MEINE NÄHSCHULE

GUIDO MARIA KRETSCHMER

GESCHICKT EINGEFÄDELT

MEINE NÄHSCHULE

GUIDO MARIA KRETSCHMER

INHALT

VORWORT

Wer von uns kennt nicht das Sprichwort: „Wer zuletzt lacht, lacht am besten"?

Ich finde ja, es sollte besser heißen: „Wer zuletzt lacht, der hat es eben anfangs noch nicht ganz verstanden"!

Und ich möchte sogar behaupten, dass die Möglichkeit, etwas zu lernen, zu perfektionieren und etwas zu gestalten, zu den größten Freuden des Lebens gehört.

Das Gefühl, etwas begriffen zu haben, löst in uns eine unbändige Freude aus. „Aha ...", sagen wir, fassen uns an die Nase oder die Ohren, reiben uns die Hände und, wenn ein Gegenüber vorhanden ist, dann gibt es noch ein lautstarkes „Endlich hab ich's!". Das funktioniert, wie wir alle nur zu gut wissen, auch bestens allein – nur mit und für uns! Wenn wir könnten, dann würden wir uns noch selbst gern mit einer dritten Hand den Kopf streicheln und „Gut gemacht!" sagen. Dabei ist es dann auch vollkommen egal, wenn es eine geraume Zeit gedauert hat. Der Erfolg gibt uns recht – und dieses Gefühl ist ein sehr schönes!

Ich verspreche Ihnen eines: Sobald Sie die erste selbst genähte Bluse mit Knopf und Kragen Ihrer Umwelt präsentiert haben, Ihr erster Rock durchs Büro schwingt oder Ihr Hosenanzug der Auslöser für den Satz ist „Sie können morgen bei uns anfangen" – ein einziger Blick der Bewunderung kann Selbstgenähtes in höhere Sphären tragen. Nähen zu können ist wirklich ein Geschenk. Aus gewebten Stoffen und einigem Beiwerk können individuelle Träume entstehen, und das alles selbst erschaffen!

Warum Selbstgemachtes sich so viel besser anfühlt als Gekauftes, ist leicht zu erklären. Wir waren bei der Entstehung dabei, so einfach ist das! Und unsere lieben Mitmenschen freuen sich in aller Regel über selbstgemachte Geschenke viel mehr, weil wir Zeit und gute Gedanken für unser Gegenüber aufgewandt haben und damit unsere Wertschätzung zum Ausdruck bringen!

Zugegeben, nicht jeder selbst gehäkelte Topflappen, in einer für uns absolut falschen Farbe, oder jede Kissenhülle mit Stickereien, die zwei sich liebende Figürchen zeigen, umrahmt von allem, was das neue Stickprogramm hergab, trifft immer unseren Geschmack. Aber jedes selbst gemachte Geschenk ruft leise: „Nur für dich gemacht, von mir!"

In der letzten Woche war ich zu Besuch bei einem „selbst gemachten Overall", bei einer lieben Freundin, die sich vehement gegen Nähtipps sträubt. Sie hatte versucht, aus einem Grundschnitt, der als Basis für alle Konfektionsgrößen dient, etwas leicht Figurbetontes zu machen. Leider war die Innenverarbeitung dann auch von außen sichtbar, sodass ich beim Anreichen des wirklich gelungenen Streuselkuchens in das Armloch schauen konnte und mir klar wurde: Es wird dringend Unterstützung in Form einer einfachen, verständlichen Anleitung gebraucht, die auch für Individualisten wie meine eigenwillige Freundin hilfreich ist!

Einen Beleg zu verarbeiten ist wahrlich kein Hexenwerk, und eine optimale Fadenspannung und die richtige Einlage können kleine Wunder bewirken! „Gut gebügelt ist schon halb genäht", habe ich als wiederkehrendes Mantra unzählige Male gehört. „Und glaube mir, es verhält sich wie bei deinem Streuselkuchen. Wenn der Teig vorher nicht sorgfältig geknetet wurde, dann machen die Streusel auch wenig Sinn", sagte ich zu meiner Freundin. „Schon gut, schreib' mir auf, wann ich was wie machen muss, aber bitte leicht verständlich! Und jetzt iss und untersteh dich, mir noch ein Mal in den Armausschnitt zu schauen, sonst sitzen wir beim nächsten Mal im Dunkeln", erwiderte sie.

Meine Nähschule ist ein unverzichtbarer Ratgeber für alle, die mit dem Nähen beginnen wollen, ebenso wie für die Fortgeschrittenen. Und auch für diejenigen, die – wie meine liebe Freundin, die immer wieder an denselben Herausforderungen scheitert, obwohl sie schon ganz gut nähen kann, könnte, sollte – durch die Vielzahl der Modelle, der Schnitte und Nähanleitungen ihre Liebe zum Genähten entdecken oder aber perfektionieren wollen.

Meine wunderbaren Kandidaten der zweiten Staffel von *Geschickt eingefädelt* haben mir auch in diesem Jahr wieder gezeigt, was für ein Vergnügen das Nähen und Gestalten mit Stoffen doch ist und welch unglaubliches Potenzial Hobbyschneider haben! In jeder Staffel lerne auch ich immer etwas dazu und verstehe besser, wie Menschen, die gern nähen, vor kleinen und großen Fehlern bewahrt werden können. Das Nähen ist ein Handwerk, und wie es das Wort schon sagt, ist es die Hand, die das zu entstehende Werk ausführt – aber ohne Anleitung und Unterstützung für die richtige Stoffauswahl und etwas Technik ist es nicht machbar.

Alle Menschen sind klug, die einen etwas früher und die anderen etwas später. Unser leicht verständlicher Ratgeber soll dazu beitragen, dass jeder die Verarbeitungsschritte versteht. Wir haben uns große Mühe gegeben, für Sie einen Ratgeber und ein Nachschlagewerk zu gestalten, auf das Sie sich verlassen können.

Von leichten Shirts und Stolas, Blousons mit angesagten Kimonoärmeln, modernen Overalls, Blusenshirts und Tulpenröcken, Kleidern und Torero-Hosen, Herrenhemden und Kapuzenparkas sowie hübschen Kinderhosen und Rüschenkleidern – für alle ist etwas dabei. Jeder Schnitt zeigt den Schwierigkeitsgrad an, von leicht über mittel bis fortgeschritten.

Alles Wichtige zu den benötigten Materialien und auch die unerlässlichen Stoffempfehlungen können Sie den Anleitungen entnehmen.

Außerdem finden Sie einige Modelle aus der TV-Sendung *Geschickt eingefädelt* in diesem Buch – es ist mir schon jetzt ein Vergnügen, mir vorzustellen, wie Sie sich an den Aufgaben unserer Kandidaten versuchen!

Jetzt wünsche ich Ihnen eine spannende und schöne Zeit mit den vielen wunderbaren Möglichkeiten, Ihrer Kreativität Ausdruck zu verleihen und mit Nadel und Faden ein kleines bisschen glücklicher zu werden. Denn: Wer zuletzt lacht, der trägt manchmal die schöneren Kleider ...

Herzlichst Ihr

Guido Maria Kretschmer

BASICS

STOFFE

Welcher Stoff für welches Modell?

Die Wahl des richtigen Stoffs ist entscheidend für die Wirkung eines Kleidungsstücks. Deshalb ist es wichtig, bei der Stoffwahl einige Kriterien schon im Vorfeld zu überdenken und sich Zeit zu lassen, bis man das passende Material für das ausgewählte Modell gefunden hat. Falls Sie einen Fertigschnitt verwenden, so sind meist schon passende Stoffarten in der Anleitung empfohlen. Auch in Schnittmusterheften sind Vorschläge für Materialien sowie Bezugsquellen enthalten.

Passionierte Hobbyschneiderinnen legen sich allmählich einen Grundvorrat an hübschen Stoffen zu, auf den sie bei der Wahl für ein Modell zurückgreifen können. Es lohnt sich, in kleinen Stoffläden zu stöbern, um besondere Materialien zu finden – oft entdeckt man dabei Stoffe mit schönen Mustern und Strukturen. Günstige Reste lassen sich mit vorhandenen Stoffen zu individuellen Modellen verarbeiten. Nicht nur in Stoffläden, sondern auch in Warenhäusern mit eigener Stoffabteilung kann man fündig werden, dort erhält man meist auch das nötige Zubehör, die sogenannten Kurzwaren, und manchmal Fertigschnitte. Daneben bieten Online-Shops ein breites Sortiment an Materialien, angefangen von preisgünstigen einfachen Baumwollstoffen bis hin zu edelsten Couture-Seiden.

Das Angebot an Stoffen, die nach ökologischen Kriterien hergestellt werden, wächst und ist vor allem im Internet zu finden. Öko- oder Bio-Stoffe mit Fasern aus kontrolliert biologischem Anbau werden zertifiziert und tragen den Zusatz „kbA" (vor allem bei Baumwolle zu finden). Zu dieser Kategorie gehören auch Stoffe aus recycelten Fasern, die zur Verringerung von Abfall beitragen und somit die Umwelt schonen.

Für Anfänger sind die Empfehlungen der Schnitthersteller hilfreich, auch um ein Gespür für Stoffe zu bekommen, während Fortgeschrittene gern experimentieren und ein Modell auch einmal aus anderen Stoffqualitäten als den vorgesehenen nähen. Die Möglichkeiten sind nahezu unbegrenzt – doch um sie erfolgreich nutzen zu können, sollte man die wichtigsten Fasern und Stoffarten kennen. Hier gibt es erst einmal einen Überblick inklusive Eigenschaften und Einsatzmöglichkeiten verschiedener Materialien.

Stoffverbrauch

Jeder Schnitt beinhaltet Angaben zur benötigten Stoffmenge und zum erforderlichen Zubehör. Der Stoff darf nicht zu knapp bemessen sein, da es sonst Probleme beim Zuschneiden gibt. Aus Resten lassen sich immer noch Schals oder Kissen nähen.

Brennprobe

Wenn der Stoff nicht deklariert ist oder man sich nicht sicher ist, um welches Material es sich handelt (wie etwa bei Textilien, die man upcyclen möchte), kann man eine Brennprobe machen. Die Art und Weise, wie der Faden verbrennt, weist auf das Ursprungsmaterial hin. Wenn man ein wenig Erfahrung hat, kann man Stoffe richtig beurteilen und entsprechend verarbeiten. Eine praktische Sache, denn so kann einem niemand mehr etwas vormachen in Sachen Samt und Seide!

Die Vorgehensweise ist ganz einfach: Man schneidet entweder einen kleinen Streifen Stoff ab oder nimmt einige Fäden (einfach den Stoff an der Schnittkante ein wenig ausfransen), legt sie auf eine feuerfeste Unterlage (z. B. Aschenbecher), hält ein brennendes Streichholz daran und lässt den Faden ein wenig glimmen, dann löscht man die Flamme. Diese und die Rückstände lassen Rückschlüsse auf die Faser zu. Die Rückstände zerreibt man ein wenig und riecht daran. Die einzelnen Faserarten weisen dabei typische Merkmale auf.

BAUMWOLLE

Baumwolle ist eine der wichtigsten Fasern in der Textil-produktion. Sie wird aus der Baumwollpflanze gewonnen, deren Hauptanbaugebiete in den USA, China, Indien und Pakistan liegen.

- **Brennprobe:** helle Flamme, hinterlässt nur wenig Asche, der Geruch erinnert an verbranntes Papier

- **Eigenschaften:** saugfähig; gut waschbar (auch bei hohen Temperaturen; bei farbigen Stoffen kann jedoch die Farbe ausbluten); Baumwollstoffe lassen sich heiß bügeln, neigen aber zum Knittern; Struktur und Charakter sind eher matt (je nach Webart); meist weniger geschmeidig als Viskose oder Seide.

- **Verwendung:** Baumwollstoffe eignen sich gut für Nähanfänger, sie sind relativ preisgünstig und lassen sich unkompliziert verarbeiten, da sie beim Zuschneiden und Nähen nicht verrutschen (wie manche Seidenstoffe). Vor allem für Alltagskleidung sind Baumwollstoffe bestens geeignet, da sie unkompliziert sind und sich gut waschen lassen. Jeans und T-Shirts bestehen in der Regel aus Baumwolle, auch Blusen, Hemden und Kinderkleidung werden aus Baumwollstoffen gefertigt. Es gibt sie einfarbig und gemustert, in verschiedenen Stärken, angefangen von Batist bis zu schwerem Molton, und je nach Webart können Baumwollstoffe unterschiedliche Strukturen haben, von glatt und leicht glänzend (wie Baumwoll-Satin) bis zu körnig-plastisch (wie Baumwoll-Waffelpikée).

LEINEN

Leinen wird aus den Fasern der Flachspflanze hergestellt und zählt zu den ältesten Rohstoffen, aus denen
Textilien gefertigt werden. Wie Baumwolle ist Flachs
eine Pflanzenfaser, die jedoch auf andere Weise gewonnen wird als diese. Durch einen aufwendigen Ver-
arbeitungsprozess (Trocknen, Rösten, Brechen, Schwin-
gen, Hecheln) werden die Faserbündel voneinander
getrennt, um dann versponnen und schließlich zu Stoff
verwebt zu werden.

- **Brennprobe:** helle Flamme, kaum Asche, Geruch
  erinnert an verbranntes Papier.

- **Eigenschaften:** robust und reißfest, sehr saugfähig,
  Struktur von fein bis grob, charakteristisch sind die
  unregelmäßigen Verdickungen im Gewebe; Leinen

kann bei der Wäsche gekocht und sehr heiß gebügelt werden, knittert jedoch stark.

- **Verwendung:** Leinenstoffe wirken kühlend und sind
  deshalb ideal geeignet für legere Sommerbeklei-
  dung. Da die Stoffe sehr griffig sind, lassen sie sich
  von Anfängern gut verarbeiten. Feine Leinenfasern
  werden zu Batist verarbeitet, es gibt aber auch
  schwere Leinengewebe, die sich für Kostüme und
  Anzüge eignen. In der Regel ist Leinen einfarbig, gelegentlich findet man gemusterte Varianten. Meist
  wird der Stoff in Leinwandbindung gewebt; durch
  andere Bindungsarten erhält man schöne Strukturen wie Fischgratmuster oder Gerstenkornmuster.

WOLLE

Als tierische Faser hat Wolle andere Eigenschaften als die Pflanzenfasern. Sie wird überwiegend von Schafen gewonnen, daneben gibt es noch Wolle von anderen Säugetieren, wie Ziegen, Kamelartigen (man spricht dann auch von „Haaren") sowie Angorakaninchen, aus denen Spezialfasern wie Kaschmir oder Mohair gewonnen werden. Die Schafe werden geschoren (im Gegensatz dazu wird z. B. Kamelhaar ausgekämmt), das so gewonnene Wollvlies wird gewaschen und gekämmt, versponnen und verwebt. Je nach Stoffart unterliegt es weiteren Bearbeitungsprozessen.

- **Brennprobe:** Flamme brennt nicht hell, sondern glimmt nur, Geruch erinnert an verbranntes Horn.

- **Eigenschaften:** Durch die gewellte, gekräuselte Faserstruktur kann Wolle sehr gut Luft einschließen und ist daher wärmeisolierend (natürliche Thermoregulation). Sie kann viel Feuchtigkeit aufnehmen und schnell wieder vom Körper wegleiten. Und sie hat noch mehr positive Eigenschaften: wenig knitteranfällig, wenig schmutzanfällig, leichtes Gewicht, natürliche Selbstreinigungsfunktion, farbbeständig, schwer entflammbar.

- **Verwendung:** als wärmeisolierender Stoff für Winterbekleidung; kann mit verschiedensten Strukturen hergestellt werden (wie mit glatter als „Cool Wool", auch für leichte, sommerliche Kleidungsstücke geeignet), als Gewebe, Wirk- und Maschenware sowie als Filz (dafür werden die Fasern nur gewalkt und nicht versponnen und verwebt); bedruckt, mit eingewebten Mustern und Texturen (wie etwa Tweed). Eignet sich gut für Hosen, Röcke, Anzüge, Kostüme und Kleider.

Glattere Wollstoffe sind schwieriger zu verarbeiten als gröbere, da sie meist stärker in Form gebügelt werden müssen. Hochwertige Wollstoffe, für deren Herstellung Fasern von lebenden Tieren verwendet werden, tragen die Bezeichnung „Schurwolle". Dagegen besteht „Reißwolle" aus recycelten Fasern.

SEIDE

Diese Faser wird aus dem abgewickelten (auch „abge-haspelt" genannten) Faden des Kokons der Seidenrau-pe gewonnen. Sie kommt überwiegend aus Asien. Der Seidenfaden ist also tierischen Ursprungs; nach dem Abwickeln wird er veredelt, um daraus verschiedenarti-ge Seidengewebe herzustellen, angefangen von zartem Chiffon bis hin zu grober Bourretteseide.

- **Brennprobe:** Flamme glimmt ähnlich wie bei Wolle, manchmal bleibt ein drahtartiges Netz zurück, bildet ein Knötchen.

- **Eigenschaften:** Seide ist bekannt für ihren edlen Glanz (nur die Wildseiden sind eher matt), dabei reißfest und wärme- und kälteisolierend. Sie ist zwar wenig knitteranfällig, jedoch nicht so robust wie etwa Baumwolle; sie ist nicht abriebfest, dafür sehr geschmeidig, und hat, je nach Webart, einen schönen, weichen Griff und Fall.

- **Verwendung:** je nach Webart für verschiedenste Kleidungsstücke: Crêpe de Chine, Chiffon und Crêpe Satin für Blusen, Tops und leichte Kleider, Taft, Jacquard und Brokat für Abendmode, Honan-, Shantung- und Bourretteseide auch für Kostüme und Röcke. Für Hosen, die häufig getragen werden, ist Seide nicht geeignet, da sie sich schnell abnutzt und zerreißt. Für Anfänger sind vor allem gröbe-re Seiden mit matter Textur geeignet, allerdings müssen diese Stoffe an den Kanten gut gesichert werden, da sie stark fransen.

CHEMISCHE FASERN

Der Ausgangsstoff zur Herstellung von synthetischen Fasern ist Kohle, Erdöl oder Erdgas, das chemisch umgewandelt wird. Die entstandene Masse wird durch Spinndüsen gepresst, um Endlosfäden zu produzieren. Dabei unterscheidet man zwischen zellulosischen und synthetischen Chemiefasern. Erstere werden aus dem Grundstoff Zellulose produziert, der aus Holz oder Baumwolle gewonnen wird. Daraus entstehen dann Stoffe wie Viskose, Acetat oder Lyocell. Zu den rein synthetischen Fasern gehören Polyester, Polyamid, Elastan sowie Mikrofasern.

- **Brennprobe:** Zellulosische Fasern verbrennen schnell mit heller Flamme; wenig Asche; Geruch erinnert an verbranntes Papier oder ist leicht säuerlich. Synthetische Fasern erzeugen keine richtige Flamme, sondern schmelzen schnell zu einem harten Klümpchen zusammen.

- **Eigenschaften:** Chemiefaserstoffe wie Polyester sind sehr reiß- und abriebfest und knittern weniger als Naturfasern, nehmen aber kaum Feuchtigkeit auf. Sie können, wie Elastan, äußerst dehnbar sein oder auch ein gutes Wärme-Speichervermögen aufweisen, wie Polyvinylchlorid (PVC), und so für Spezialzwecke zum Einsatz kommen (Sportbekleidung). Chemiefasern werden auch gern mit Naturfasern gemischt, um daraus Stoffe mit vielen positiven Eigenschaften herzustellen.

- **Verwendung:** Stoffe aus synthetischen Fasern lassen sich wie üblich verarbeiten, jedoch dürfen sie nicht zu heiß gewaschen oder gebügelt werden. Das Ausbügeln von Nähten ist gelegentlich schwieriger als bei Naturfaserstoffen, da sich die Fasern durch

Hitze und Dampf weniger gut formen lassen als etwa Wolle. Dies trifft auf die zellulosischen Fasern wie Viskose nur bedingt zu. Sie sind geschmeidiger in der Verarbeitung, sollten jedoch ebenfalls nicht zu heiß gewaschen werden. Aus chemischen Fasern lassen sich unterschiedlichste Stoffe herstellen, dabei werden meist solche aus Naturfasern in Struktur und Erscheinung nachgeahmt, es gibt beispielsweise viele seidenartige Synthetikstoffe.

WERKZEUG

Sobald der passende Stoff ausgewählt ist, sollte auch gleich das nötige Zubehör für das jeweilige Modell mit angeschafft werden. Meist ist bereits im Schnitt angegeben, welche Kurzwaren benötigt werden. Wenn alle „Zutaten" zum Nähen des Modells bereitliegen, kann man loslegen – es spart enorm viel Energie und Zeit, wenn das wichtige Nähzubehör und Werkzeug von Anfang an vorhanden ist.

Welche Werkzeuge sind unverzichtbar?

- Maßband

- Kopierrädchen oder Bleistift zum Übertragen der Schnitte

- Schnittmusterpapier

- Schneiderkreide (gibt es auch in Stiftform)

- Nadeln: Stecknadeln, Nähnadeln, Nähmaschinennadeln

- Nähgarne in gängigen Farben wie Schwarz, Weiß, Braun, Blau, Rot, Natur; Heftgarn

- Scheren: Papierschere, Zuschneideschere, kleine spitze Handarbeitsschere

- Nahttrenner

- Fingerhut

- Nähmaschine (für Anfänger genügt ein einfaches Modell mit Zickzackstich-Funktion; für „Vielnäher" lohnt sich eine Overlock-Maschine zum Versäubern der Kanten.

- Bügeleisen, Bügelbrett, Bügeltuch

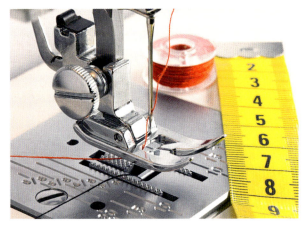

Individuelles Zubehör (je nach Modell)

- **Futterstoff:** Röcke, Jacken und Mäntel werden meist abgefüttert, damit sie besser fallen und mehr Tragekomfort bieten.

- **Einlagen** zum Aufbügeln oder Einnähen, gibt es als Gewebe oder Vlies.

- **Knöpfe:** in Kurzwarengeschäften oder Online-Shops erhältlich; aus verschiedenen Materialien wie Kunststoff, Horn, Steinnuss, Perlmutt, auch mit Stoff oder Leder bezogen.

- **Bänder,** Borten, Litzen, Spitzen zum Verzieren

- **Schrägbänder**

ZUSCHNITT UND ANPROBE

DER RICHTIGE ABLAUF

Konfektionsgröße

Das Schnittmuster wird in der sonst üblichen persönlichen Konfektionsgröße ausgewählt. Da es hierfür keine festen Normen gibt und jeder Hersteller eigene Spezifikationen erstellt, ist es ratsam, die persönlichen Maße mit der zum Schnittmuster zugehörigen Maßtabelle zu vergleichen. Falls ein Maß stark abweicht, wie etwa der Hüftumfang, so sollte der Schnitt eine Nummer größer sein und dann bei der Anprobe angepasst werden.

Schnittmusterbogen

Zum Schnittmusterbogen gehört auch immer eine Arbeitsanleitung, die jedem Fertigschnitt oder den Schnittmusterheften beigefügt ist. Sie enthält wichtige Hinweise zu den benötigten Materialien, dem Ablauf der einzelnen Nähschritte und einen Schnittauflageplan, auf dem alle Teile abgebildet sind und der auch darauf hinweist, wie die Teile im Fadenlauf aufgelegt werden müssen (siehe auch Seite 30).

Auf dem Bogen selbst orientiert man sich an dem Zahlensucher und den grafisch unterschiedlich gestalteten Konturenzeichen, die auf jedes einzelne Modell abgestimmt sind. Innerhalb der Zahlenspalte sind alle fortlaufend nummerierten Schnittteile abgebildet, die zu einem Modell gehören. Senkrecht über oder unter der jeweiligen Ziffernleiste findet man dann das Schnittteil mit der Nummer, diese dicht an der Konturenlinie.

Sobald der Stoff und das Zubehör bereitliegen, kann das Schnittmuster übertragen werden. Sofern es nicht aus dem Internet heruntergeladen, ausgedruckt und entsprechend aneinandergefügt wurde, gibt es dafür zwei klassische Methoden: mithilfe eines Kopierrädchens oder per Durchpausen mit dem Bleistift auf das Transparentpapier. Dabei sollte man immer auf einer festen, ebenen Fläche (Tisch oder Boden) arbeiten.

Beim Ausradeln ist es ratsam, die Konturen und alle zugehörigen Markierungen zunächst mit einem Farbstift nachzuzeichnen. Die Teile, die sich überschneiden, kann man mit unterschiedlichen Farben nachziehen. Dann legt man einen ausreichend großen Papierbogen unter den Schnittmusterbogen, beschwert ihn oder steckt ihn am Papier fest. Das Kopierrädchen wird mit leichtem Druck über die farbigen Linien des Schnittteils geführt. Jedes Schnittteil wird auf einen einzelnen Bogen Papier übertragen, dann schneidet man es aus und beschriftet es, wie im Bogen angegeben.

Beim Durchpausen wird Transparentpapier auf den Schnittmusterbogen gelegt. Auch hier kann man zuvor die Linien mit Farbstift auf dem Bogen nachzeichnen, um sie leichter zu finden. Dann paust man die Linien mit einem Bleistift durch und notiert wieder alle zugehörigen Informationen. Leichter ist dies, wenn man die Schnittverkleinerung in der Anleitung daneben liegen hat, um alle wichtigen Details zu finden.

Zuschnitt

Zunächst prüft man in der Schnittmusteranleitung, aus wie vielen Teilen das jeweilige Modell besteht. Dann können sämtliche Teile übertragen werden, die meisten Modelle sind symmetrisch gestaltet, sodass jeweils

eine Hälfte (als Längsachse dient die Mitte des Körpers) genügt. Das bedeutet, es gibt beispielsweise bei einem T-Shirt ein Schnittteil für das halbe Vorderteil, ein Schnittteil für den halben Rücken (beide werden im Stoffbruch und somit gespiegelt zugeschnitten) sowie ein Schnittteil für einen Ärmel (wird doppelt, also gespiegelt zugeschnitten).

Um die gespiegelten Teile zu erhalten, wird der Stoff an den Schnittkanten begradigt (dafür am besten einen Schussfaden ziehen und dann anhand dieser Linie die offene Kante gerade schneiden), auf eine ebene Arbeitsfläche gelegt, in der Mitte gefaltet (die rechte Stoffseite liegt dabei innen), die Webkanten liegen bündig aufeinander und werden mit einigen Stecknadeln befestigt. Dabei streicht man den Stoff glatt, er darf keine Fältchen werfen und sich nicht verziehen.

Man legt die Papierschnittteile wie im Zuschneideplan (kleine Zeichnung in der Schnittmusteranleitung) auf den Stoff, dabei ist es entscheidend, den Fadenlauf zu beachten. Die Papierteile werden mit Stecknadeln fixiert. Bei der Angabe „Stoffbruch" werden die Teile direkt an die gefaltete Bruchkante gelegt, ansonsten lässt man ringsum mindestens eineinhalb Zentimeter Abstand zum nächsten Teil, bei Säumen etc. die jeweils angegebene Zugabe beachten. Das ist die Nahtzugabe, die nötig ist, um die Teile zusammennähen zu können.

Anfänger können die Nahtlinien und die Zugabe mit Kreide oder Heftgarn markieren, Fortgeschrittene schneiden meist die Nahtzugabe mit Augenmaß an. Es gibt auch Fertigschnitte, bei denen die Nahtzugabe bereits enthalten ist. Deshalb ist es enorm wichtig, die Schnittmusteranleitung vorher genau durchzulesen.

Sind alle Papierschnittteile auf den Stoff gelegt und festgesteckt, prüft man anhand des Schnittauflageplans, ob alle Teile (auch Belege) vorhanden sind und

mit genügend Zugabe auf dem Stoff fixiert wurden. Dann kann es losgehen mit dem Zuschneiden. Sämtliche Teile werden nach und nach mit einer großen Stoffschere zugeschnitten, dabei darf der Stoff nicht hochgehoben werden, sondern muss immer flach auf der Arbeitsplatte liegen.

Sämtliche Markierungen wie Nahtlinien, Passzeichen und Position von Taschen, Blenden, Knopflöchern etc. müssen mit Schneiderkreide oder Heftgarn auf das jeweilige Stoffteil übertragen werden. Nimmt man die Papierschnitte ab, so muss das Stoffteil alle wichtigen Informationen enthalten. Die Vorderteilhälfte eines Blusenshirts beispielsweise wird, wie beschrieben, im Stoffbruch, also gespiegelt, zugeschnitten; schlägt man sie auf, hat man das gesamte Vorderteil.

Falls das Modell abgefüttert wird, schneidet man zunächst alle Teile aus dem Oberstoff zu, danach kann man sie auf den Futterstoff legen und entsprechend zuschneiden. Dabei sollten die individuellen Angaben zu solchen Belegen beachtet werden, die aus Oberstoff und nicht aus Futterstoff bestehen. Markierungen wie etwa Passzeichen müssen ebenfalls gemäß Anleitung auf die Futterteile übertragen werden.

Heften

Sobald alle Teile zugeschnitten und markiert sind, kann man die Papierschnitte abnehmen und die Stoffteile, wie in der Anleitung beschrieben, zusammenfügen. Meist werden die Teile rechts auf rechts gelegt, an den Kanten gesteckt (die Passzeichen müssen aufeinanderliegen) und dann in der Nahtlinie geheftet. Dabei ist es wichtig, die Reihenfolge der Beschreibung einzuhalten.

Beim Ärmel genügt es meist, nur einen einzigen einzuheften, um die Passform prüfen zu können. Kragen können ebenfalls als einfache Lage fixiert werden, um einen ersten Eindruck zu erhalten. Falls das Modell einen Reißverschluss in der vorderen oder rückwärtigen Mitte hat (wie bei Hosen oder Röcken üblich), empfiehlt es sich, diesen bereits für die Anprobe fest einzunähen, denn an dieser Position werden üblicherweise keine Änderungen vorgenommen. Auf diese Weise kann die Passform besser beurteilt werden.

Anprobe

Die Anprobe stellt einen wichtigen Arbeitsschritt bei der Fertigung eines Kleidungsstücks dar. Am besten ist es, wenn eine zweite Person hilfreich zur Seite steht und ein großer Spiegel vorhanden ist. Das geheftete Kleidungsstück wird vorsichtig (sonst platzen die Nähte auf) angezogen, möglichst in „Realsituation", Jacken oder Mäntel mit einem passenden Oberteil darunter. Anschließend wird es an den Verschlusskanten (sofern vorhanden; dort müssen sich Markierungslinien befinden, die die vordere Mitte anzeigen) exakt aufeinandergesteckt – falls Knöpfe vorgesehen sind, am besten an den Originalpositionen. Dann prüft man der Reihe nach, ob die gehefteten Nähte an der richtigen Stelle sitzen. Bei einer Jacke wären dies die Seitennähte, eventuell auch Teilungsnähte, die Rückennaht, die Schulternähte und die Ärmelnähte. Ist die Jacke an den

entsprechenden Stellen zu eng oder zu weit, so kann man diese Nähte am Körper abstecken. Falls die Seitennähte durchgehend enger gemacht werden müssen, so ist dieser Betrag auch an der Ärmelnaht wegzunehmen. Man kann die Nähte auch zur Originalnaht hin auslaufen lassen, jedoch dürfen dabei keine Beulen entstehen. An der vorderen Mitte und der Verschlusskante darf üblicherweise nichts verändert werden. Wenn die Weite des Modells stimmt, wird die Länge (auch die des Ärmels) geprüft und entsprechend abgeändert. Auch Details wie Kragenhöhe und Taschenposition etc. sollte man berücksichtigen.

Sobald man mit der Passform zufrieden ist, zieht man das Modell wieder vorsichtig aus (Achtung, Stecknadeln können herausfallen, oder das Teil kann an der Unterkleidung festgesteckt sein oder sich verhaken). Dann werden die gesteckten Änderungen mit Heftgarn markiert und symmetrisch auf das Kleidungsstück übertragen. Es ist wichtig, dabei genau zu arbeiten, sonst verändert sich die gesamte Passform. Die Nähte werden an den geänderten Positionen aufgetrennt und neu geheftet, das Teil noch einmal probiert, dann kann man mit dem Nähen beginnen.

MASCHINENNÄHEN
UND NÄHTECHNIKEN

Die Nähmaschine sollte so auf der Arbeitsfläche aufgestellt werden, dass man an der linken Seite genügend Platz für den Stoff hat, den man gerade verarbeitet. Es ist wichtig, vor dem Nähen die richtige Ober- und Unterfadenspannung einzustellen. Am besten näht man auf einem Stoffrest mit dem für das Modell vorgesehenen Garn eine gerade Steppnaht, dann prüft man, ob die Naht auf Unter- und Oberseite gleichmäßig verläuft und sich keine Schlaufen bilden. Die Naht darf sich nicht zusammenziehen, das Stichbild sollte gleichmäßig erscheinen. Gegebenenfalls muss man die Fadenspannung verändern, Näheres dazu findet man in der Nähmaschinenanleitung.

Steppen

Die gehefteten oder gesteckten Teile werden nach und nach zusammengenäht, stets in der Reihenfolge, die die Schnittanleitung vorgibt. Beim Steppen der Nähte ist es wichtig, auf die Nahtlinie zu achten, die Nahtzugaben liegen beim Nähen immer auf der rechten Seite, das heißt, die Stoffteile befindet sich auf der linken Seite, so kann man auch größere Stoffmengen ohne „Stau" bequem steppen. Jeweils an Anfang und Ende einer Naht muss diese durch kurzes Vor- und Zurücknähen gesichert werden, am Ende der Naht wird die Nadel nach dem Vernähen durch Drehen des Handrads nach oben gestellt, erst dann kann das Nähfüßchen in die obere Position gebracht und der Faden vorsichtig angezogen werden, um ihn abzuschneiden. Das ist ein kleiner, aber sehr wichtiger Schritt, denn andernfalls zieht sich der Faden leicht in die Maschine, und man muss immer wieder mühsam Garnreste herausholen.

Bügeln

Für ein schönes, professionelles Ergebnis mindestens genauso wichtig wie das Nähen ist das Bügeln. Das Bügelbrett sollte stets in Reichweite stehen, ein

Dampfbügeleisen und ein Bügeltuch (für empfindliche Stoffe wie Wolle oder Seide) gehören zur Grundausstattung. Bereits vor dem Zuschnitt kann der Stoff gebügelt werden, damit man ihn ohne Knitterstellen auf der Arbeitsfläche ausbreiten kann. Zur Vorbereitung gehört auch, gegebenenfalls Einlagen (für Bund, Kragen, Revers, Verschlusskante etc.) vor dem Zusammennähen der Schnittteile nach Herstellerangaben aufzubügeln. Dabei lässt man am besten die Teile auf dem Bügelbrett einige Minuten auskühlen, damit sich die Einlage nicht wieder vom Stoff ablöst und Blasen wirft.

Jede Naht sollte sofort nach dem Nähen ausgebügelt werden, das heißt, die Nahtzugaben werden auseinandergeschoben und flach gebügelt. Wenn jede Naht auf diese Weise einzeln bearbeitet wird, hat das den Vorteil, dass man später schwer zu erreichende Stellen (wie etwa am Kreuzungspunkt Seitennaht/Ärmelnaht) problemlos bügeln kann und sie so bereits für den nächsten Arbeitsschritt vorbereitet sind. Auch zum Schluss wird das Kleidungsstück noch einmal gebügelt, danach muss es gut auskühlen, bevor man es in den Schrank hängt, sonst ergeben sich neue Knitterstellen.

Versäubern

Damit ein Kleidungsstück auch von der Innenseite gut aussieht und die Nähte haltbar bleiben, müssen die Schnittkanten versäubert werden. Nur bei Modellen wie Jacken, die ein geschlossenes Futter haben, ist dies nicht nötig. Es gibt verschiedene Arten, Nahtzugaben zu versäubern; am besten macht man das, wie beim Bügeln, gleich direkt nach jedem Arbeitsschritt.

- **Zickzacknaht:** Jede Haushaltsnähmaschine verfügt über die Stichart „Zickzack", die Naht wird knapp an der Schnittkante ausgeführt. Vorsicht bei Jerseystoffen – sie wellen sich leicht, hier sollte man zunächst eine Nähprobe machen, die Fadenspannung gegebenenfalls neu einstellen und die Kanten nach dem Steppen glatt bügeln.

- **Overlock-Naht:** Wer viel und gern näht, für den lohnt sich die Anschaffung einer Overlock-Maschine. Mit ihr lassen sich Kanten professionell versäubern (sie sehen dann aus wie bei Konfektionsware). Jerseystoffe lassen sich damit perfekt verarbeiten und sogar zusammennähen, und auch das Nähen von feinen Rollsäumen (wie bei Chiffon) ist möglich.

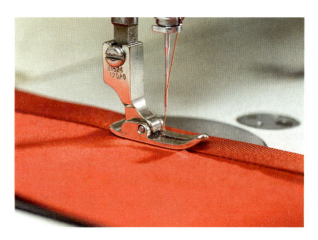

- **Einfassen** der Kanten mit Schrägband: Diese Variante empfiehlt sich zum Beispiel für Jacken, die ungefüttert bleiben. Das Einfassen oder Paspelieren mit Schrägband ist zwar aufwendig, verleiht aber dem Modell ein hochwertiges Aussehen. Das Schrägband ist in Kurzwarenabteilungen von Warenhäusern erhältlich oder kann in schrägem Fadenlauf aus dünnem Stoff zugeschnitten werden. Es wird rechts auf rechts Kante an Kante gesteckt, etwa füßchenbreit festgenäht, um die Kante geschlagen und in der Nahtlinie von rechts festgesteppt.

- **Kappnähte:** eine sehr aufwendige, aber schöne und haltbare Variante. Dazu müssen die Nahtzugaben etwas breiter (1,5–2 cm) sein. Zunächst wird eine normale Steppnaht genäht, um Teile zusammenzufügen. Dann werden die Zugaben auf eine Seite gebügelt, die untere Zugabe zurückgeschnitten, die andere darübergefaltet und eingeschlagen festgesteppt. Diese Naht ist von außen sichtbar.

Handnähte

Man kann zwar Kleidungsstücke komplett mit der Maschine nähen, doch erst Handnähte lassen ein Kleidungsstück „handgemacht" und somit individueller wirken. Profischneider und die Haute Couture verwenden für Säume und Knopflöcher stets die Handnähnadel, dadurch lassen sich auch kleinste Details feiner gestalten als mit der Nähmaschine.

Die wichtigsten Sticharten sind:

- Heftstich oder Vorstich

- Steppstich oder Rückstich

- Saumstich

- Staffierstich

- Hexenstich

Eine illustrierte Anleitung zu den Handstichen finden Sie in den Tutorials (siehe Seite 170).

Dekorativer Besatz

Verzierungen können ein einfaches Kleidungsstück enorm aufwerten und ihm einen ganz neuen Charakter verleihen. Durch Stickereien, mit einfachen Stichen und grobem Garn ausgeführt, erhält ein Stück den trendigen Folklore-Touch. So kann man etwa Kreuzstiche und Vorstiche am Saum eines Rocks oder einer Tunika kombinieren und nach Belieben Perlen aus Holz oder Kunststoff dazu ergänzen.

Auch mit Borten, Bändern und Litzen lassen sich Kleider und anderes attraktiv gestalten, hier kann man nach Herzenslust experimentieren. Aufgenäht werden sie von Hand oder, schneller, mit der Maschine; an Rundungen und Ecken sollten sie besser von Hand angenäht werden, dabei muss man den Besatz entsprechend formen oder einhalten.

Genähte Zierelemente

Es muss nicht immer ein aufgenähter Besatz sein, wenn man einem Modell noch ein dekoratives Element hinzufügen möchte. Wenn Sie schon etwas Näherfahrung haben, gibt es tolle Möglichkeiten, das Kleidungsstück auf dezente Weise zu schmücken. Probieren Sie einfach einige Techniken an einem Stoffrest aus, bevor Sie sie am Kleidungsstück umsetzen.

- **Biesen:** Ein weiter Rock lässt sich gut mit Biesen verzieren, und eine Jacke bringt man mit Längsbiesen in der Taille auf Form. Von millimeterschmal bis einige Zentimeter breit ist alles möglich, probieren Sie aus, wie diese den Gesamteindruck des Modells verändern (siehe auch Seite 184).

- **Blenden:** Sie können in verschiedenen Breiten und auch aus andersfarbigem Stoff als Saumabschluss und Zierelement dienen, wie zum Beispiel an Röcken, Blusen und Kleidern.

- **Rüschen** und Volants: Damit lassen sich auch fertige Kleidungsstücke verschönern, eine Empfehlung vor allem für Nähanfänger! So lässt sich zum Beispiel ein zu kurzer Rock mit einer Rüsche aufpeppen oder ein einfaches Oberteil mit einem Volant am Halsausschnitt – vielleicht auch asymmetrisch über das Vorderteil verlaufend. Rüschen und Volants sollten immer aus dünnen, leichten Stoffen genäht werden, sie lassen sich einfacher verarbeiten. Je dünner der Stoff, umso stärker gekräuselt darf die Rüsche sein.

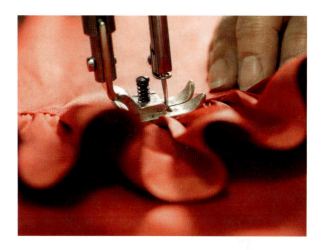

- **Knopflöcher** werden in der Konfektion mit der Maschine genäht, auch Haushaltsnähmaschinen haben meist eine Knopflochfunktion, mit der man sie bequem nähen kann. Sie werden erst zum Schluss aufgeschnitten, sodass meist noch kleine Fransen an den Rändern stehen bleiben. Mit einer scharfen Handarbeitsschere kann man sie vorsichtig abschneiden. Wer gern von Hand näht, kann sich an handgestochenen Knopflöchern versuchen, mit etwas Übung gelingen sie mühelos. Dazu verwendet man Knopflochgarn (in Kurzwarenabteilungen erhältlich) und eine Nähnadel mit etwas größerem Öhr, da der Faden dicker ist. Paspelknopflöcher werden vor allem bei Jacken und Mänteln eingesetzt und haben zudem eine schmückende Funktion. Sie werden im Prinzip wie Paspelschlitze genäht, nur im kleinen Maßstab (siehe auch Seite 212), dabei muss sehr exakt gearbeitet werden.

UPCYCLING

Wahl des Ausgangsmaterials

Upcycling ist eine wunderbare Möglichkeit, um Lieblingsstücke, die an manchen Stellen ein wenig abgetragen sind, oder andere schöne Materialien zu bewahren und daraus neue Modelle zu machen. Dabei bietet getragene Kleidung aus hochwertigen Stoffen eine Fülle von Optionen für neue Lieblingsteile.

Es lohnt sich, erst mal im Kleiderschrank zu stöbern und auszusortieren, was nicht mehr getragen wird – weil es nicht mehr passt, einen altmodischen Schnitt oder ein paar schadhafte Stellen hat. Dann kann man überlegen, ob vielleicht noch Ärmel eines Pullovers brauchbar sind, ein zu kurzer Rock umgearbeitet oder ein Männerhemd abgeschnitten werden kann, um daraus zum Beispiel ein Oberteil im Blouson-Stil zu nähen.

Als weitere Quelle können Flohmärkte dienen, auf denen sich oft schöne Kleider aus vergangenen Zeiten finden, die vielleicht nicht die richtige Größe haben, aber aus gutem Material gearbeitet sind und mitunter besondere Knöpfe oder einen tollen Spitzenbesatz haben. Damit sich der Aufwand lohnt, sollte man darauf achten, nur solche Stücke zu sammeln, die aus hochwertigen Materialien und möglichst aus Naturfasern bestehen – ein altes Nylonhemd, zur Bluse umfunktioniert, mag zwar stylish wirken, ist aber nicht angenehm zu tragen, da dieses Material wenig atmungsaktiv ist. Die Stoffe dürfen auch nicht verschlissen sein, Seide zum Beispiel wird brüchig und zerreißt, wenn sie zu lange unter Lichteinfluss war und oft getragen wurde. Am besten wirft man immer einen Blick auf die Materialzusammensetzung im Kleidungsstück, bevor man es für das Upcycling erwirbt oder aufbewahrt.

Kleidungsstücke vorbereiten

Hat man einen Grundvorrat an Kleidungsstücken angesammelt, kann man seiner Kreativität freien Lauf lassen und nach Belieben experimentieren. Um auch ein wirklich tragbares Stück zu erhalten, sollte man die Kleidungsstücke vorher waschen oder reinigen lassen, dann prüft man, ob schadhafte Bereiche, wie dünne Stellen, Löcher oder Flecken vorhanden sind (am besten das Teil gegen das Licht halten), diese werden gleich abgetrennt oder abgeschnitten. Alles, was sich verwerten lässt, wird zuerst gebügelt. Dann kann man überlegen, wie man die Teile kombinieren möchte.

Hier ein Beispiel: Fertige Blusenärmel (von einer Bluse, die sonst nicht mehr getragen wird) werden mit einem Pullover oder einem T-Shirt zusammengefügt. Zuvor wird bei diesen das Armloch gemessen, ebenso die Armkugel der Blusenärmel. Weil es sich dabei um Rundungen handelt, die ein wenig knifflig zu messen sind, wird das Metermaß hochkant gelegt. Auf diese Weise kann man in Etappen ringsum messen, dazwischen hält man das Maßband am jeweils gemessenen Punkt fest. Anschließend werden die Pulloverärmel herausgeschnitten (möglichst zuvor mit einer Steppnaht die Maschen sichern!), das Armloch angepasst und der fertige Blusenärmel eingesetzt. Falls bei diesem die Armkugel zu weit ist, kann sie in Fältchen gelegt oder gekräuselt werden. Bei Ärmeln gilt ein wichtiger Grundsatz: Die Armkugel muss immer etwas größer sein als das Armloch, denn sie wird im Schulterbereich stets leicht eingehalten, damit der Ärmel später gut sitzt.

Eine aufwendigere Variante besteht darin, die Teile, die man verwerten möchte, neu zuzuschneiden. Die Kleidungsstücke werden aufgeschnitten, um sie flach ausbreiten und bügeln zu können, dann wird das neue Schnittmuster aufgelegt und die Teile wie üblich zugeschnitten und verarbeitet. Am besten versucht man dies zunächst an einem einfachen Teil wie einer Jeans, die man zum Beispiel in eine Tasche umarbeitet.

Beim Upcycling ist auf jeden Fall Improvisieren angesagt. Manchmal fehlt ein Stück Stoff an einer Ecke des Schnittteils, dann kann man aus dem Fundus ein passendes Teil heraussuchen, das sich zum Ergänzen eignet. So bleibt die Anfertigung eines solchen Kleidungsstücks jedes Mal spannend bis zum Schluss. Dabei ist es hilfreich, sich die Teile immer wieder an den Körper zu halten, um zu sehen, ob die Farben und Muster zusammenpassen, und dann eine Anprobe mit dem zunächst gehefteten Modell zu machen.

PROJEKTE

SCHNITTBOGEN

Bei der Schnittübersicht in der Nähanleitung ist angegeben, auf welchem Bogen (A–D) Sie Ihren Schnitt finden, die Farbe des Schnittes (Rot, Blau, Grün oder Schwarz), die Nummern der Schnittteile und die Größen mit ihren Erkennungslinien.

Die Schnittteilnummern finden Sie als Suchnummern am Bogenrand, in derselben Farbe des Schnittes.

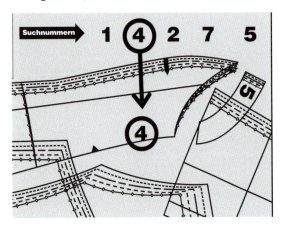

SCHNITTTEILE ABPAUSEN

Entweder auf Seidenpapier durchzeichnen oder Schneiderkopierpapier und einen großen Papierbogen unterlegen und die Schnittlinien mit einer stumpfen Stricknadel nachfahren.

Übertragen Sie auch Beschriftung und Nahtzahlen auf Ihren Papierschnitt. Vergleichen Sie die abgepausten Schnittteile mit der Zeichnung bei der Anleitung.

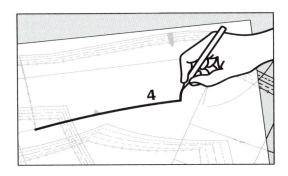

Diese Linien

finden Sie nur in der Schnittübersicht, auf dem Schnittbogen gibt es die Begriffe

Einreihen

Einhalten

Dehnen

Steppfüßchen & Schere

Steppfüßchen ist das Symbol für Nähte und Zierstepplinien, Schere das Symbol an Kanten, die ohne Nahtzugabe zugeschnitten werden, oder Tascheneinschnitte.

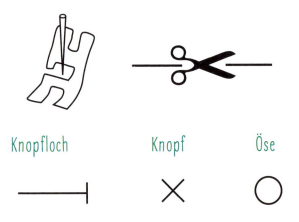

Knopfloch   Knopf   Öse

PAPIERSCHNITT ZEICHENERKLÄRUNG
Verlängern

Wenn Schnittteile nicht in voller Länge auf dem Bogen sind, müssen Sie den Papierschnitt um das angegebene Maß verlängern. Gemessen wird ab Pfeilspitze.

Zusammensetzlinie

Große Schnittteile, die man nicht in gerader Linie verlängern kann, werden in zwei Teilen auf den Bogen
gezeichnet. Diese müssen nach dem Abpausen zu-
sammengeklebt werden. Die Zusammensetzlinie ist
als Doppellinie gezeichnet. Außerdem gibt es als Passzeichen kleine Dreiecke, die aufeinandertreffen sollen.

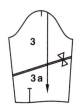

Nahtzahlen

geben an, wie die Teile aneinandergenäht werden.
Gleiche Zahlen treffen immer aufeinander.

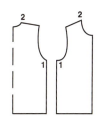

Ärmeleinsetzzeichen

sind kleine Querstriche am Ärmel und am Armausschnitt des Vorderteils. Sie sollen beim Einsetzen der
Ärmel aufeinandertreffen.

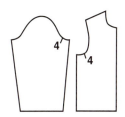

Passzeichen

bei langen Nähten, wie an Hosen. Die kleinen Querstriche müssen aufeinandertreffen.

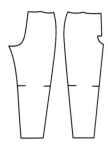

Schlitzzeichen

Der Querstrich gibt Schlitzbeginn bzw. -ende an.
Zum Beispiel bei seitlichen Schlitzen, Taschenein-
griffen oder Reißverschlüssen.

Faltenzeichen

Der Pfeil zeigt die Richtung, in der die Falte
gelegt wird.

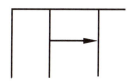

ZUSCHNITT

Stoffverbrauch

Der Stoffverbrauch wird nach dem Originalstoff berechnet. Bei anderen Stoffbreiten ändert sich der Verbrauch in der Regel.

Die Musterung des Stoffes entscheidet, ob die Schnittteile in einer Richtung oder gegeneinanderliegend zugeschnitten werden.

Zuschneideplan

Der Zuschneideplan zeigt die günstigste Lage der Schnittteile auf dem Originalstoff. Dabei liegt der Stoff meist doppelt, mit der rechten Stoffseite nach innen. Wird bei einfacher Stofflage zugeschnitten, liegt die rechte Stoffseite oben.

Papierschnittteile, die mit der Oberseite (beschriftete Seite!) nach unten auf den Stoff gelegt werden müssen, sind im Zuschneideplan gestrichelt eingezeichnet. Die Graufläche zeigt, welche Teile mit Einlage verstärkt werden sollen.

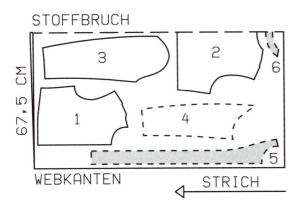

Naht- und Saumzugaben

Die Schnitte im Buch enthalten keine Naht- und Saumzugaben. Empfehlenswert sind 1–2 cm für Nähte und 2–5 cm für Säume.

Markierungslinien

Die Linien Ihres Schnittes können Sie mit Kopierpapier auf die linke Seite des Stoffes übertragen. Markierungslinien, zum Beispiel für Taschen oder vordere Mitte, nähen Sie mit großen Heftstichen nach, damit sie auf der rechten Seite des Stoffes zu sehen sind.

Strichrichtung

Bei Stoffen mit Flor, wie Samt, Cord, Nicki, liegen die Florhärchen in einer bestimmten Richtung. Die Richtung erkennen Sie, wenn Sie mit der Hand in Längsrichtung leicht über die Stoffoberfläche streichen. Mit dem Strich liegen die Florhärchen flach, gegen den Strich stellen sie sich auf.

Bei Stoffen mit Strichrichtung müssen alle Schnittteile eines Modells in derselben Richtung zugeschnitten werden. Die Strichrichtung ist für das jeweilige Modell im Zuschneideplan angegeben.

Musterrichtung

Bei Stoffen mit Musterrichtung sollten Sie die Schnittteile so auf den Stoff stecken, dass die unteren Kanten in dieselbe Richtung zeigen. Bei Karos, quer gestreiften oder quer gemusterten Stoffen ist es wichtig, dass das Muster an den Längsnähten übereinstimmt.

Zuschnittmaße

Kleine Schnittteile mit einfachen Formen (wie Gürtel oder Schrägstreifen) sind nicht im Schnittbogen enthalten, sondern in der Schnittanleitung in einem Extrakasten mit Zentimeterangaben aufgelistet. Sie enthalten bereits sämtliche Nahtzugaben.

ZUM MASSNEHMEN

Für einen gut sitzenden Schnitt ist exaktes Maßnehmen Voraussetzung. Messen Sie direkt auf der Unterwäsche, und legen Sie den Messpunkt Ihrer Taille mit einem stabilen Band oder Gürtel fest.

1 Körpergröße
bei aufrechter Haltung vom Scheitel bis zur Sohle

2 Oberweite
über die stärkste Stelle der Brust

3 Taillenweite
in der Taille über dem Taillenband

4 Hüftweite
über die stärkste Stelle des Gesäßes

5 Armlänge
bei leicht angewinkeltem Arm von der Armkugel über den Ellenbogen bis zum Handgelenk

6 Schulterbreite
vom Halsansatz bis zur Armkugel

MASSTABELLEN

Vergleichen Sie Ihre gemessenen Körpermaße mit denen der Maßtabelle auf dieser Seite. Wählen Sie die Größe, die Ihren Maßen am nächsten kommt.

Dabei gilt als Faustregel:
Bei Schnitten für Blusen, Kleider, Jacken und Mäntel orientiert man sich an der Oberweite, für Röcke und Hosen an der Hüftweite.
Ändern Sie, falls nötig, die Schnitte um die Zentimeter, um die Ihre Maße von den Tabellen abweichen.
Auf www.burdastyle.de finden Sie eine detaillierte Anleitung hierzu.

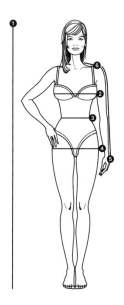

DAMENGRÖSSEN

Größe	34	36	38	40	42	44	46	48	50	52
Körpergröße	168	168	168	168	168	168	168	168	168	168
Oberweite	80	84	88	92	96	100	104	110	116	122
Taillenweite	62	66	70	74	78	82	86	92	98	104
Hüftweite	86	90	94	98	102	106	110	116	122	128
Armlänge	59	59	60	60	61	61	61	61	62	62
Schulterbreite	12	12	12	13	13	13	13	14	14	14

NORMALE HERRENGRÖSSEN

Größe	44	46	48	50	52	54	56	58	60
Körpergröße	168	171	174	177	180	182	184	186	188
Oberweite	88	92	96	100	104	108	112	116	120
Bundweite	78	82	86	90	94	98	104	110	116
Gesäßweite	90	94	98	102	106	110	115	120	125
Ärmellänge	61	62	63	64	65	66	67	68	69
Halsweite	37	38	39	40	41	42	43	44	45

Foto: © Adriano Brusaferri. Original © burda style-Schnitt

34

HEMDBLUSE

SCHWIERIGKEITSGRAD ■ □ □

Ganz gleich, zu welchem Anlass, in der Bluse mit Revers und Zungenraglanärmeln sieht man immer gut angezogen aus. Schnitttechnisch gesehen, bietet sie viele Details, doch wenn man Schritt für Schritt vorgeht, sind diese einfach zu nähen.

STOFFVERBRAUCH
Popeline, 140 cm breit
Für Gr. 44–46: 1,80 m
Für Gr. 48–50: 1,85 m
Für Gr. 52: 2,20 m

ZUBEHÖR
Vlieseline G 785

7 Knöpfe

GRÖSSEN
Gr. 44–52

Rückwärtige Länge ca. 70 cm

STOFFEMPFEHLUNG
Blusenstoffe mit etwas Stand

HEMDBLUSE

PAPIERSCHNITT

Schnitt vom Bogen pausen. Schnittteile gemäß Zuschneideplan auf den Stoff stecken. Teil a direkt auf den Stoff zeichnen.

Blauer Schnitt, Bogen D
Schnittteile 1 bis 5

Gr. 44 ◇—◇—◇—◇—◇—◇—◇
Gr. 46 — — — — — —
Gr. 48 —— — — ——
Gr. 50 - - - - - - - - - -
Gr. 52 ——————————

NAHT- UND SAUMZUGABEN

Für Nähte, Kanten und Saum 1,5 cm zugeben. Bei Teil a sind die Zugaben in den Maßen enthalten.

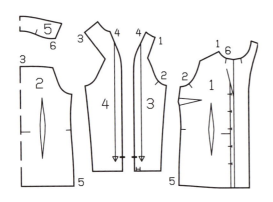

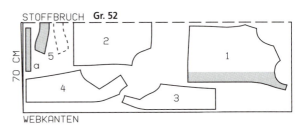

STOFFBRUCH **Gr. 44–50**

70 CM

WEBKANTEN

STOFFBRUCH **Gr. 52**

70 CM

WEBKANTEN

ZUSCHNEIDEN (BEI 140 CM STOFFBREITE)

2x Vorderteil	**1**
1x Rückenteil im Stoffbruch	**2**
2x Vorderer Ärmel mit Passe	**3**
2x Rückwärtiger Ärmel mit Passe	**4**
2x Kragen im Stoffbruch	**5**
2x Ärmelbündchen	**a**

Zuschnitt bei doppelter Stofflage, rechte Seite innen.
Einlage siehe Graufläche im Zuschneideplan. Einlage auf den Unterkragen bügeln.

Zuschnittmaße für a

Größe	44	46	48	50	52	Breite für alle Größen (cm)
	Länge (cm)					
a	33	33,5	34,5	35,5	37	7

1 Abnäher schließen

Abnäher steppen. Längsabnäher zur Mitte, Brustabnäher nach unten bügeln.

2 Passe nähen

An der rückwärtigen Passe die Mittelnaht steppen. Zugaben zusammengefasst versäubern und zu einer Seite bügeln. Angeschnittene Passen der vorderen Ärmel von Nahtzahl 1 bis zur Ecke an die Vorderteile steppen. An den Ecken die Zugabe der vorderen Passen einschneiden. Die vorderen Ärmel an die vorderen Armausschnittkanten steppen. Rückwärtige Passe von Ecke bis Ecke an das Rückenteil steppen. An den Ecken die Zugabe der Passe einschneiden. Rückwärtige Ärmel an die rückwärtigen Armausschnittkanten steppen. Zugaben in die Passen bzw. Ärmel bügeln.

3 Schulter- und obere Ärmelnähte schließen

Schulternähte und fortlaufend obere Ärmelnähte bis zum Schlitzzeichen steppen. Nahtzugaben nach vorn bügeln. Schlitzzugaben nach innen bügeln. Oberhalb vom Schlitz die Nahtzugaben der rückwärtigen Ärmel schräg verlaufend nach vorn bügeln (nicht einschneiden). Schlitzzugaben eingeschlagen feststeppen, an den Schlitzenden quer steppen.

4 Seiten- und untere Ärmelnähte schließen

Seitennähte und fortlaufend untere Ärmelnähte steppen. An den unteren Ärmelkanten die Falte in Pfeilrichtung einlegen, festheften.

5 Besatzkanten versäubern und säumen

An den Besatzinnenkanten die Zugabe auf 7 mm Breite zurückschneiden, versäubern, nach innen bügeln und feststeppen. Saumzugabe nach innen bügeln, einschlagen und feststeppen.

6 Kragen und Besatz festnähen

Angeschnittene Besätze nach außen legen und von der vorderen Kante (Umbruch) bis zum Querstrich auf den Halsausschnitt steppen. Kragenteile an den Außenkanten rechts auf rechts aufeinandersteppen, genau an der Nahtlinie der Ansatzkante beginnen und enden. Kragen wenden, bügeln. Kragen zwischen Bluse und Besatz legen. Unterkragen an den Halsausschnitt, Oberkragen an den Besatz steppen.

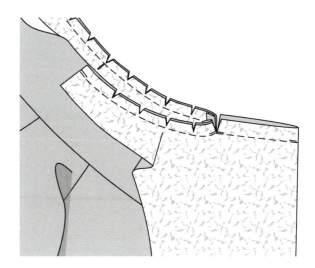

Nahtzugaben der Kragenansatznähte auseinanderbügeln. Besätze nach innen wenden. Kragenansatznähte genau aufeinanderstecken.

Nahtzugaben dicht neben der Naht aufeinandernähen. Hinten die Innenkante des Oberkragens flach
über die Ansatznaht legen und feststecken, von rechts
in der Nahtrille feststeppen. Besätze an der Saumkante und den Schulternähten annähen.

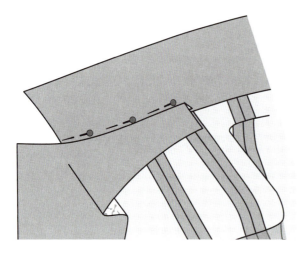

7 Bündchen festnähen

Ärmelbündchen an die unteren Ärmelkanten
steppen, Untertritt an den rückwärtigen Schlitzkanten
überstehen lassen. Nahtzugaben der Ansatznähte und
der anderen langen Bündchenkanten in die Bündchen
bügeln. Bündchen längs falten, Enden zusteppen.
Wenden. Innenkanten festheften, obere Untertritt-
kanten aufeinanderheften. Dann von rechts die Bündchen entlang der Ansatznaht und der oberen Unter-
trittkante schmal absteppen.

8 Knopflöcher nähen

Am rechten Vorderteil die Knopflöcher wie
eingezeichnet einnähen. An den vorderen Bündchen-
enden je ein Knopfloch einnähen.

Foto: © Cees Van Gelderen. Original © burda style-Schnitt

BLUSENSHIRT MIT FÄLTCHEN

SCHWIERIGKEITSGRAD ▣ ☐ ☐

Das Shirt mit angeschnittenen Ärmeln und Fältchen am Halsausschnitt lässt sich aus allen weich fallenden Stoffen nähen, hier ist es aus edlem Seiden-Crêpe gefertigt. Auf Seite 63 finden Sie eine partytaugliche Variante mit Spitze.

STOFFVERBRAUCH
Crêpe marocaine, 135 cm breit
Für Gr. 36–40: 1,50 m
Für Gr. 42–44: 1,55 m

ZUBEHÖR
Vlieseline G 785

GRÖSSEN
Gr. 36–44

Rückwärtige Länge ca. 65 cm

STOFFEMPFEHLUNG
Leichte, weich fallende Stoffe

BLUSENSHIRT MIT FÄLTCHEN

PAPIERSCHNITT

Schnitt vom Bogen pausen. In Teil 22 gilt der einge-
zeichnete Fadenlauf. Die Faltenpfeile in Teil 21 gelten
für Gr. 36. Für die restlichen Größen die Faltenpfeile
den Größenlinien entsprechend einzeichnen.

Schwarzer Schnitt, Bogen A
Schnittteile 21 bis 24

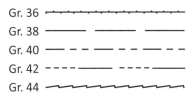

Gr. 36
Gr. 38
Gr. 40
Gr. 42
Gr. 44

NAHT- UND SAUMZUGABEN

Für Nähte und Kanten 1,5 cm, für die Armausschnittkanten 3 cm, für den Saum 4 cm zugeben.

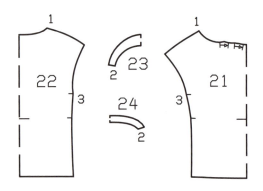

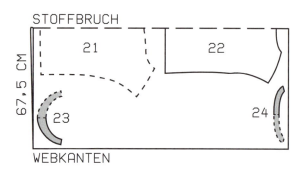

ZUSCHNEIDEN (BEI 135 CM STOFFBREITE)

1x Vorderteil im Stoffbruch	**21**
1x Rückenteil im Stoffbruch	**22**
1x Vord. Halsausschnittbesatz im Stoffbruch	**23**
1x Rückw. Halsausschnittbesatz im Stoffbruch	**24**

Zuschnitt bei doppelter Stofflage, rechte Seite innen.
Einlage siehe Graufläche im Zuschneideplan.

1 Falten festheften

Am vorderen Halsausschnitt die Falten in Pfeilrichtung einlegen und festheften.

2 Schulternähte schließen

Schulternähte steppen, auch am Besatz. Nahtzugaben auseinanderbügeln.

3 Besatz an Halsausschnitt nähen

Besatz rechts auf rechts auf den Halsausschnitt
steppen. Nahtzugaben zurückschneiden. Besatz nach
oben legen und schmal neben der Naht auf den Nahtzugaben feststeppen.

4 Seiten schließen und Armausschnitte säumen

Seitennähte steppen, Nahtzahl 3. Nahtzugaben auseinanderbügeln. An den Armausschnitten die Zugaben nach innen legen, zur Hälfte einschlagen,
festheften und bügeln. Armausschnittkanten 1,2 cm
breit absteppen, an den unteren Enden quer steppen.

5 Saum nähen

Saumzugabe nach innen bügeln, von Hand mit
kleinen Stichen (siehe auch Seite 171) festnähen.

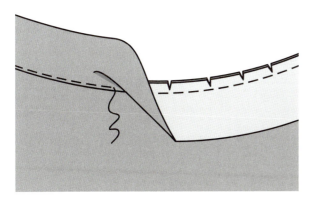

Besatz nach innen wenden, Kante bügeln. Besatz an
den Schulternähten annähen.

Foto: © Blasius Erlinger. Original © burda style-Schnitt

44

ROCK MIT PASSE

SCHWIERIGKEITSGRAD ■ ☐ ☐

Ein raffiniert-elegantes Modell, nicht nur für Festtage: Bei dem figurnah geschnittenen Rock mit Formpasse und schmalem Bund liegen die Vorderteile in Wickel-Optik übereinander, sind aber in der Passennaht mitgefasst. Besonders schön aus Wollkrepp!

STOFFVERBRAUCH
Wollkrepp, 145 cm breit
Für Gr. 36–44: 1,35 m

Futter, 140 cm breit
Für Gr. 36–44: 0,15 m

ZUBEHÖR
Vlieseline G 405

Nahtreißverschluss,
22 cm lang, und Spezial-Nähfuß

GRÖSSEN
Gr. 36–44

Rocklänge 66 cm

STOFFEMPFEHLUNG
Weich fallende Rockstoffe,
wahlweise mit Elastan-Anteil

ROCK MIT PASSE

PAPIERSCHNITT

Schnitt vom Bogen pausen. Schnittteile gemäß Zuschneideplan auf den Stoff stecken, Teil a direkt auf den Stoff zeichnen.

Roter Schnitt, Bogen A
Schnittteile 21 bis 24

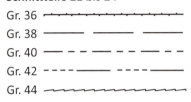

NAHT- UND SAUMZUGABEN

Für Nähte und Kanten 1,5 cm, für den Saum 4 cm zugeben.

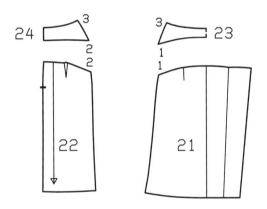

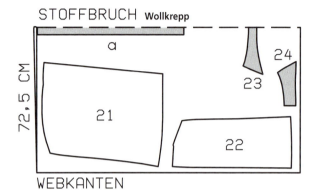

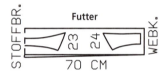

ZUSCHNEIDEN (WOLLKREPP, 145 CM BREIT, FUTTER, 140 CM BREIT)

Oberstoff

2x	Vordere Rockbahn	**21**
2x	Rückwärtige Rockbahn	**22**
1x	Vordere Passe im Stoffbruch	**23**
2x	Rückwärtige Passe	**24**
1x	Bund	**a**

Futter

1x	Vordere Passe im Stoffbruch	**23**
2x	Rückwärtige Passe	**24**

Zuschnitt bei doppelter Stofflage, rechte Seite innen.
Einlage siehe Graufläche im Zuschneideplan.

Zuschnittmaße für a

Größe	36	38	40	42	44	Breite für alle Größen (cm)
	Länge (cm)					
a	75	79	83	87	91	7

1 Vordere Rockbahnen aufeinanderheften

An den vorderen Rockteilen die angeschnittenen Besätze nach innen legen, oben festheften, Bruchkanten nicht bügeln. Rechte vordere Rockbahn links auf rechts und Mitte auf Mitte auf die linke vordere Rockbahn legen, oben aufeinanderheften.

2 Vordere Passe festnähen

Vordere Passe an die vordere Rockbahn steppen. Nahtzugaben in die Passe bügeln. Passe entlang der Naht 7 mm breit absteppen.

3 Rückwärtige Passen festnähen

An den rückwärtigen Rockbahnen die Abnäher steppen, zur Mitte bügeln. Rückwärtige Passen an die rückwärtigen Rockbahnen steppen. Passen entlang den Nähten absteppen.

4 Seitennähte schließen

Seitennähte steppen, Nahtzahl 3. Nahtzugaben auseinanderbügeln.

5 Bundaußenseite festnähen

Bund längs zur Hälfte falten und bügeln, linke Seite innen. Bund wieder auffalten. Bundaußenseite an die obere Rockkante steppen. Nahtzugaben der Ansatznaht in den Bund bügeln.

6 Nahtreißverschluss einnähen

An der äußeren Bundhälfte und den rückwärtigen Schlitzkanten den Nahtreißverschluss einnähen, siehe auch Seite 183. Rückwärtige Mittelnaht von unten bis zum Reißverschluss steppen.

7 Futter einnähen

Futter vorbereiten: An den Futterpassen die Seitennähte steppen. An den rückwärtigen Kanten die Nahtzugabe 5 mm breiter als markiert umbügeln. Futterpasse links auf links auf die angesteppte Passe legen und feststecken, die Seitennähte treffen aufeinander. Futter auf den Nahtzugaben der Bundansatznaht so weit wie möglich feststeppen, auf den Reißverschlussbändern annähen. Untere Futterkante eingeschlagen auf der Passenansatznaht annähen.

8 Bundinnenseite befestigen

Bund wieder zur Hälfte falten. Bundinnenkante über der Ansatznaht festheften, auf den Reißverschlussbändern annähen. Bundinnenkante von rechts in der Ansatznaht feststeppen.

9 Saum nähen

Am Saum die Besätze noch einmal nach außen legen. Saumzugabe nach innen bügeln und von Hand festnähen. Besätze wieder nach innen legen, auf der Saumzugabe annähen.

Foto: © Jonathan Klein. Original © burda style-Schnitt

TULPENROCK

SCHWIERIGKEITSGRAD ■ ▢ ▢

Ideal für den perfekten Hüftschwung – nicht nur beim Tanzen:
Der kniefreie Tulpenrock ist im Hüftbereich komfortabel geschnitten. So werden auch gleich kleine Rundungen optimal kaschiert!

STOFFVERBRAUCH
Wollkrepp, kariert, 150 cm breit
Für Gr. 36–44: 1,55 – 1,65 –
1,70 – 1,80 – 1,90 m

ZUBEHÖR
Futterrest für Taschenbeutel,
ca. 35 x 50 cm groß

Ripsband, 4 cm breit, Länge
(von Größe zu Größe): 1,55 –
1,65 – 1,70 – 1,80 – 1,90 m

Nahtreißverschluss,
22 cm lang, und Spezial-Nähfuß

1 Knopf

GRÖSSEN
Gr. 36–44

Rocklänge ab Taille 52 cm
(Bundansatz 1 cm unterhalb
Taille)

STOFFEMPFEHLUNG
Rockstoffe aus Wolle oder
Mischgewebe

TULPENROCK

PAPIERSCHNITT

Schnitt vom Bogen pausen. Taschenbeutel von Teil 21 extra abpausen, er gilt für alle Größen.

Blauer Schnitt, Bogen B
Schnittteile 21 und 22

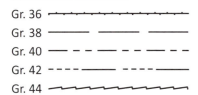

Gr. 36
Gr. 38
Gr. 40
Gr. 42
Gr. 44

NAHT- UND SAUMZUGABEN

Für Nähte und Kanten 1,5 cm, für den Saum 3 cm zugeben.

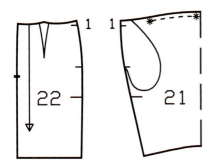

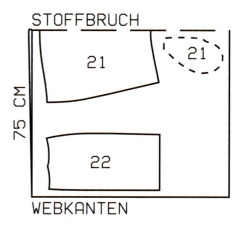

ZUSCHNEIDEN (KAROSTOFF, 150 CM BREIT)

Oberstoff

1x	Vordere Rockbahn im Stoffbruch	**24**
2x	Taschenbeutel	**21**
2x	Rückwärtige Rockbahn	**22**

Futter

2x	Taschenbeutel	**21**

Zuschnitt bei doppelter Stofflage, rechte Seite innen. Dabei das Karomuster beachten!

1 Abnäher schließen

Rückwärtige Abnäher steppen und jeweils zur rückwärtigen Mitte des Rocks bügeln.

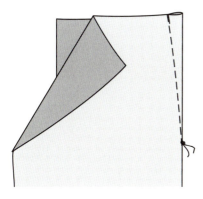

2 Vorderes Rockteil oben einreihen

Vordere Rockbahn an der oberen Kante jeweils zwischen den Sternchen auf 8 cm Weite einreihen.

3 Seitennähte schließen

Seitennähte steppen, dabei die Tascheneingriffe offen lassen.

4 Nahttaschen nähen

Die Taschenbeutel rechts auf rechts an die Nahtzugaben der Tascheneingriffe stecken – die Futtertaschenbeutel vorn, die Stofftaschenbeutel hinten. Taschenbeutel entlang der markierten Nahtlinien ansteppen, oberhalb der Tascheneingriffe die Taschenbeutel dicht neben der Naht ansteppen. Taschenbeutel nach vorn bügeln und aufeinandersteppen. Obere Taschenbeutelkanten festheften.

5 Nahtreißverschluss einnähen

An den rückwärtigen Schlitzkanten den Nahtreißverschluss einnähen wie bei Rock mit Passe auf S. 47 beschrieben. Rückwärtige Mittelnaht von unten bis zum Reißverschluss steppen.

6 Bund festnähen

Am Ripsband ein Ende ca. 1 cm breit einschlagen und bügeln. Ab diesem Ende folgendes Maß abmessen und markieren: Gr. 36: 71 cm, Gr. 38: 75 cm, Gr. 40: 79 cm, Gr. 42: 83 cm, Gr. 44: 87 cm. Das Ripsband von innen so auf die Nahtzugaben der oberen Rockkante legen, dass das umgebügelte Ende an der rechten rückwärtigen Schlitzkante 3 cm breit übersteht und die Markierung auf die linke Schlitzkante trifft. Untere Bandkante schmal feststeppen. Band um die linke Schlitzkante herum nach außen legen, Bandkanten aufeinanderstecken, dabei die Nahtzugabe des Rocks zwischenfassen. Bandende einschlagen. Bandkanten schmalkantig aufeinandersteppen. Knopfloch am linken Bundende einnähen.

7 Saum festnähen

Saumzugabe nach innen bügeln und von Hand mit unsichtbaren Saumstichen festnähen.

Foto: © Daniela Neske. Original © burda style-Schnitt

HOSE FÜR KIDS

SCHWIERIGKEITSGRAD ■ ⬚ ⬚

E s bleibt sicher nicht nur bei einem Exemplar, denn die Hose mit
tiefem Schritt und großen aufgesetzten Taschen ist im Nu genäht.
Vor dem Tragen sollte sie gewaschen werden – so entsteht die
auch bei Kids angesagte Vintage-Optik.

STOFFVERBRAUCH
Popeline, 112 cm breit
Für Gr. 104–128: 1,00 – 1,10 –
1,15 – 1,20 – 1,25 m

ZUBEHÖR
Gummiband, 2,5 cm breit,
Länge für Gr. 104, 110, 116:
0,60 m, Gr. 122, 128: 0,65 m

GRÖSSEN
Gr. 104–128

Seitliche Hosenlänge inkl. Bund
(von Größe zu Größe):
46 – 49 – 53 – 56 – 59 cm

STOFFEMPFEHLUNG
Hosenstoffe

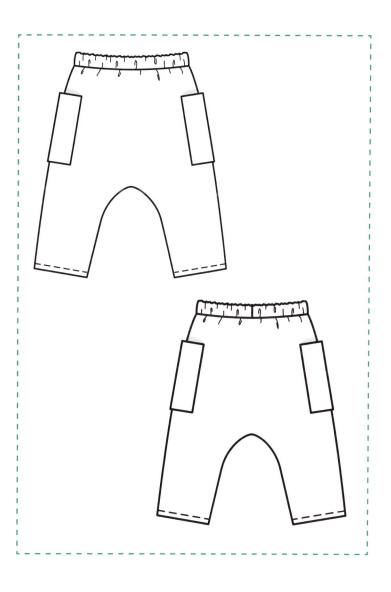

HOSE FÜR KIDS

PAPIERSCHNITT

Schnitt vom Bogen pausen. Schnittteile gemäß Zuschneideplan auf den Stoff stecken. Teile a und b direkt auf den Stoff zeichnen.

Schwarzer Schnitt, Bogen C
Schnittteile 1 und 2

Gr. 104 ∘–∘–∘–∘–∘–∘–∘
Gr. 110 – – – – – – – –
Gr. 116 ——— — ——— —
Gr. 122 - - - - - - - - - - - -
Gr. 128 ——————————

NAHT- UND SAUMZUGABEN

Für Nähte und Kanten 1,5 cm, für Saum 2 cm zugeben. Bei den Teilen a und b sind die Zugaben in den Maßen enthalten.

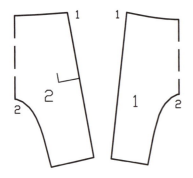

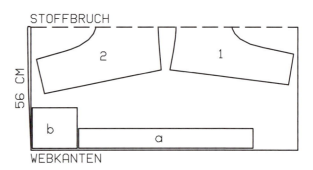

ZUSCHNEIDEN (POPELINE, 112 CM BREIT)

1x	Vorderes Hosenteil im Stoffbruch	**1**
1x	Rückwärtiges Hosenteil im Stoffbruch	**2**
1x	Bund	**a**
2x	Tasche	**b**

Zuschnitt bei doppelter Stofflage, rechte Seite innen.

Zuschnittmaße für a und b

Größe	104	110	116	122	128
a Länge (cm)	75,5	76	76,5	79	81,5
a Breite (cm)			9		
b Länge (cm)	19	19,5	20	20,5	21
b Breite (cm)	16,5	17	17,5	18	18,5

1 Seitennähte schließen

Vorderes Hosenteil rechts auf rechts auf das rückwärtige Hosenteil legen. Seitennähte steppen, Nahtzahl 1. Nahtzugaben zusammengefasst versäubern und nach hinten bügeln.

2 Taschen festnähen

Seitliche und untere Taschenkanten 1,5 cm breit nach innen bügeln, dann die obere Kante 2 cm nach innen bügeln. Taschen, die Anstoßlinien treffend, auf die Hose stecken, schmal feststeppen.

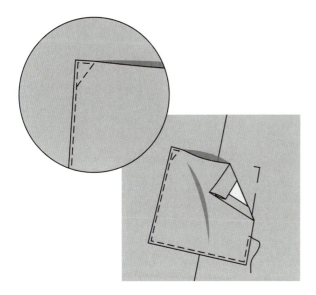

3 Innere Beinnaht schließen

Innere Beinnaht in einem Arbeitsgang durchgehend steppen, Nahtzahl 2. Nahtzugaben auf 7 mm Breite zurückschneiden, zusammengefasst versäubern und nach hinten bügeln.

4 Saum festnähen

Saumzugabe nach innen bügeln, einschlagen und 1 cm breit feststeppen.

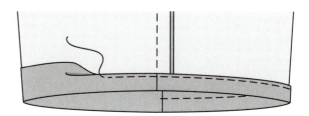

5 Bund festnähen

Bundenden rechts auf rechts zusammenstecken. An der äußeren Bundhälfte die Naht steppen, innere Hälfte für das Gummiband offen lassen (= rückwärtige Mittelnaht). Nahtzugaben auseinanderbügeln. Äußere Bundhälfte an die obere Hosenkante steppen. Nahtzugaben in den Bund bügeln. Bund zur Hälfte nach innen falten, an der Ansatznaht einschlagen und festheften. Von außen den Bund entlang der Ansatznaht schmal absteppen, dabei Innenkante mitfassen.

6 Gummiband einziehen

Gummiband mit einer Sicherheitsnadel einziehen, Enden aneinandernähen, fertige Weite Gr. 104: 55 cm, Gr. 110: 55,5 cm, Gr. 116: 56 cm, Gr. 122: 58,5 cm, Gr. 128: 61 cm. Nahtöffnung zunähen.

Foto: © Uli Glasemann. Original © burda style-Schnitt

RÜSCHENKLEID

SCHWIERIGKEITSGRAD ■ □ □

Das Traumkleid für kleine Prinzessinnen: Mit Bubikragen, Rüschen am Armausschnitt und vielen Spitzenborten am Rock wirkt es richtig nostalgisch. Die Knöpfe am Vorderteil sind nur aufgesetzt, der Verschluss befindet sich oben im Rücken.

STOFFVERBRAUCH
Batist, 140 cm breit
Für Gr. 92: 1,15 m
Für Gr. 98–104: 1,20 m
Für Gr. 110–116: 1,30 m

ZUBEHÖR
Vlieseline G 785

Spitzenborte, 2,5 und 3 cm breit: je 1,95 m

Spitzenborte, 2 cm breit: 3,90 m

5 Knöpfe

Kontrastfarbenes Satinband als Gürtel, 2,5 cm breit; 1,35 m

GRÖSSEN
Gr. 92–116

Rückwärtige Länge Gr. 92: 49 cm, Gr. 98: 52 cm, Gr. 104: 55 cm, Gr. 110: 58 cm, Gr. 116: 61 cm

STOFFEMPFEHLUNG
Leichte Baumwollstoffe

RÜSCHENKLEID

PAPIERSCHNITT

Schnitt vom Bogen pausen. Schnittteile gemäß Zuschneideplan auf den Stoff stecken. Teile a bis f direkt auf den Stoff zeichnen.

Schwarzer Schnitt, Bogen D
Schnittteile 1 bis 5

Gr. 92 ◇━◇━◇━◇━◇━◇
Gr. 98 ─ ─ ─ ─ ─ ─ ─
Gr. 104 ── ── ── ──
Gr. 110 - - - - - - - - - - -
Gr. 116 ───────────

NAHT- UND SAUMZUGABEN

Für Nähte, Kanten und Saum 1,5 cm. Bei den Teilen a bis f sind die Zugaben in den Maßen enthalten.

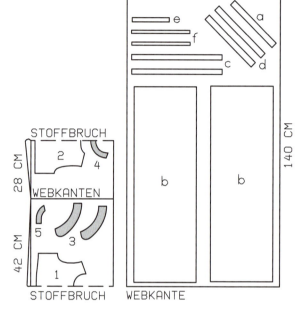

WEBKANTE

STOFFBRUCH
28 CM
42 CM
WEBKANTEN
STOFFBRUCH
WEBKANTE
140 CM

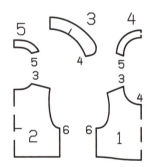

Zuschnittmaße für a bis f

Größe	92	98	104	110	116	Breite für alle Größen (cm)
	Länge (cm)					
a	29					3
b	30	32	34	36	38	97
c	48					5,5
d	32		33		34	3
e	19,5	20,5	21,5	22,5	23,5	4,5
f	30	31	32	33	34	4,5

ZUSCHNEIDEN (BEI 140 CM STOFFBREITE)

1x	Vorderteil im Stoffbruch	**1**
1x	Rückenteil im Stoffbruch	**2**
4x	Kragen	**3**
1x	Vorderer Besatz im Stoffbruch	**4**
2x	Rückwärtiger Besatz	**5**
1x	Einfassschrägstreifen für rückw. Schlitz	**a**
2x	Rockbahn	**b**
2x	Armausschnittrüschen	**c**
2x	Schrägstreifen für Armausschnitte	**d**
1x	Vordere Knopfblende	**e**
2x	Blendenrüschen	**f**

Stoff gemäß Zuschneideplan falten, bei doppelter Stofflage liegt die rechte Seite innen, bei einfacher Lage liegt sie oben.
Einlage siehe Graufläche im Zuschneideplan.

1 Schlitz einfassen

Rückwärtiger Schlitz: Am Rückenteil den Schlitz von oben bis zum Querstrich einschneiden. Schlitzkanten zu einer Geraden auseinanderspreizen und möglichst schmal rechts auf rechts auf eine Längskante des Einfassstreifens (a) steppen.

Einfassstreifen über die Ansatznaht in den Schlitz bügeln, dann auf 7 mm Breite falten und innen eingeschlagen auf der Ansatznaht feststecken. Einfass von rechts schmal absteppen. Am unteren Schlitzende den Einfass von innen schräg absteppen (wie einen kleinen Abnäher). An der linken Schlitzkante den Einfass nach innen bügeln, oben festheften. An der rechten Schlitzkante steht der Einfass als Untertritt über.

2 Vordere Knopfblende mit Rüschen nähen

An den Rüschen je eine Längskante mit dichtem Zickzackstich versäubern: Dazu die Zugabe zur linken Stoffseite bügeln. Von rechts entlang der Bruchkante mit einem kleinen, dicht eingestellten Zickzackstich steppen. Innen die überstehende Zugabe vorsichtig bis dicht an die Stiche abschneiden. Die anderen Längskanten auf Blendenlänge einreihen, dazu 7 mm neben der Kante mit größter Sticheinstellung steppen. Eingereihte Rüschenkanten rechts auf rechts an die Blendenlängskanten steppen. Nahtzugaben unter die

Blende legen. Die Blende Mitte auf Mitte und links auf rechts auf das Vorderteil stecken, dann entlang der Rüschenansatznähten schmal aufsteppen. Rüschenenden am Halsausschnitt und an der unteren Vorderteilkante festheften.

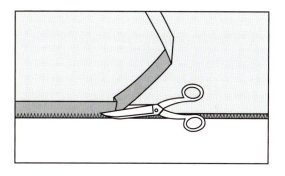

3 Seiten- und Schulternähte schließen

Seitennähte steppen. Schulternähte steppen, auch an den Besätzen.

4 Kragen festnähen

Je 2 Kragenteile rechts auf rechts aufeinandersteppen, Ansatzkante offen lassen. Nahtzugaben zurückschneiden. Kragen wenden und bügeln. Kragenansatzkanten zusammengefasst an den Halsausschnitt heften, die Kragenteile treffen in der vorderen Mitte aneinander. Das linke rückwärtige Kragenende trifft an die linke Schlitzkante, das rechte rückwärtige Kragenende trifft an die Ansatznaht des Schlitzeinfasses. Besatz über dem Kragen rechts auf rechts auf den Halsausschnitt stecken. Entlang der Ausschnittlinie steppen. Nahtzugaben zurückschneiden. Besatz nach oben legen und schmal neben der Naht auf den Zugaben feststeppen. Die rückwärtigen Besatzenden an den Schlitzkanten (links an der Einfasskante) nach innen falten. Besatz nach innen wenden, an den Schlitzkanten und den Schulternähten annähen.

5 Rüschen an Armausschnitte nähen

An den Armausschnittrüschen die Schmalseiten zusammensteppen. Dann Nahtzugaben in eine Richtung bügeln, einschlagen und feststeppen. Je eine Rüschenkante mit dichtem Zickzackstich versäubern. Andere Kante einreihen und rechts auf rechts an die Armausschnittkanten heften, die Rüschennaht trifft auf die Seitennaht. Schrägstreifen (d) auf halbe Breite falten und bügeln, rechte Seite außen. Die doppelten Schrägstreifen über den Rüschen so auf die Armausschnitte stecken, dass die Bruchkante 7 mm breit im Teil liegt, dabei an der Seitennaht beginnen und die Streifenenden einschlagen. Entlang der Armausschnittlinien steppen. Nahtzugaben zurückschneiden. Schrägstreifen nach innen wenden. Armausschnitte entlang der Rüschenansatznähte schmal absteppen.

6 Spitzenborte an Rock nähen

An den Rockbahnen eine Seitennaht steppen. Die 2 cm breite Spitzenborte in 2 gleich lange Teile schneiden, ein Teil für die Saumkante beiseitelegen. 2 cm breite Borte 4,5 cm oberhalb der Saumlinie auf die Rockbahn stecken. Die 3 cm breite Borte 8 cm, die 2,5 cm breite Borte 15 cm oberhalb der Saumlinie aufstecken. Bortenlängskanten aufsteppen. Die zweite Seitennaht steppen. Saumzugabe nach innen bügeln, zur Hälfte einschlagen und feststeppen. Die Enden der 2 cm breiten Spitzenborte auf die Weite der Rockbahn

zusammensteppen. Borte so unter die untere Rockkante stecken, dass sie 1,5 cm breit übersteht. Saumkante schmal feststeppen.

7 Rock an Oberteil nähen

Obere Rockkante einreihen und an das Oberteil steppen. Nahtzugaben nach oben bügeln.

8 Knöpfe annähen

4 Knöpfe an der vorderen Mitte auf die Blende nähen, den oberen 1,5 cm unter dem Halsausschnitt, den unteren 3 cm über der Rockansatznaht, die restlichen in gleichmäßigen Abständen dazwischen. Den rückwärtigen Schlitz mit einem Knopf und einer Garnschlinge schließen.

9 Schlaufen an den Seiten nähen

Am Satinband die Enden schräg abschneiden. An den Seitennähten ca. 3 cm lange Garnschlaufen nähen (1 cm unter und 2 cm über der Taillennaht), dazu 3 bis 4 Fäden spannen und dicht mit Knopflochstichen umstechen.

TIPP

Um ein Ausfransen des Satinbands zu verhindern, können Sie die Schnittkanten zum Schluss dünn mit farblosem Nagellack bestreichen.

Foto: © Cees Van Gelderen. Original © burda style-Schnitt

BLUSENSHIRT MIT SPITZE

SCHWIERIGKEITSGRAD ▣ ◻ ◻

Für alle, die es gern lässig, aber trotzdem einen Hauch Eleganz mögen, ist das Blusenshirt mit Rücken aus Spitzenstoff die ideale Lösung. Es ist abgeleitet vom Schnitt auf Seite 40, der mit unterschiedlichen Stoffen vielfältig variiert werden kann.

STOFFVERBRAUCH
Kreppsatin, querelastisch,
135 cm breit
Für Gr. 36–40: 0,75 m
Für Gr. 42–44: 0,80 m

Spitzenstoff mit Bogenkante,
125 cm breit
Für Gr. 36–38: 0,70 m
Für Gr. 40–44: 0,75 m

ZUBEHÖR
Vlieseline Formband

GRÖSSEN
Gr. 36–44

STOFFEMPFEHLUNG
Leichte Seidenstoffe und
Spitzenstoff mit Bogenkante

BLUSENSHIRT MIT SPITZE

PAPIERSCHNITT

Schnitt vom Bogen pausen. Die Faltenpfeile in Teil 21 gelten für Gr. 36. Für die restlichen Größen die Faltenpfeile den Größenlinien entsprechend einzeichnen.

Schwarzer Schnitt, Bogen A
Schnittteile 21 bis 23

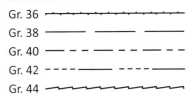

Gr. 36
Gr. 38
Gr. 40
Gr. 42
Gr. 44

NAHT- UND SAUMZUGABEN

Für Nähte und Kanten 1,5 cm, für den Saum am Vorderteil 4 cm zugeben. Teile a und b enthalten bereits Zugaben. Keine Zugabe an der unteren Kante des Rückenteils. Die untere Rückenteilkante an der Bogenkante des Spitzenstoffes anlegen.

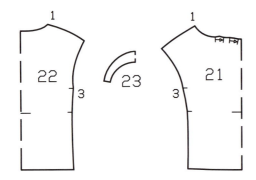

Zuschnittmaße für a und b

Größe	36	38	40	42	44	Breite für alle Größen (cm)
	Länge (cm)					
a	31	32		33		3
b	48	49	50	51	52	3

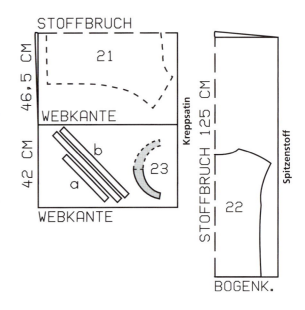

ZUSCHNEIDEN (KREPPSATIN, 135 CM BREIT, SPITZENSTOFF, 125 CM BREIT)

Kreppsatin

1x	Vorderteil im Stoffbruch	**21**
1x	Vorderer Halsausschnittbesatz im Stoffbruch	**23**
1x	Einfassschrägstreifen für rückwärtigen Halsausschnitt	**a**
2x	Einfassschrägstreifen für Armausschnitte	**b**

Spitzenstoff

1x	Rückenteil im Stoffbruch	**22**

Stoff nach Zuschneideplan falten. Bei doppelter Lage ist die rechte Seite innen, bei einfacher Lage oben. Bogenkanten bei Spitze genau aufeinanderstecken.

Formband auf die Armausschnittkanten, die vorderen Schulternahtkanten und die rückwärtigen Halsausschnittkante bügeln. Darauf achten, dass der Kettstich des Formbandes auf der markierten Nahtlinie liegt.

1 Falten festheften

Am vorderen Halsausschnitt die Falten in Pfeilrichtung einlegen und festheften.

2 Rückwärtigen Halsausschnitt einfassen

Am Rückenteil die Zugabe des Halsausschnitts abschneiden. Einfassstreifen längs zur Hälfte falten und bügeln, die rechte Stoffseite ist außen. Streifen auffalten. Nacheinander beide Längskanten des Streifens bis zum Bügelbruch einschlagen und bügeln. Den vorgebügelten Einfassstreifen auffalten, von außen an den rückwärtigen Halsausschnitt stecken und 7 mm breit im Bügelbruch feststeppen. Einfass um die Kante herum nach innen legen, einschlagen und auf der Ansatznaht festheften. Einfass schmal absteppen.

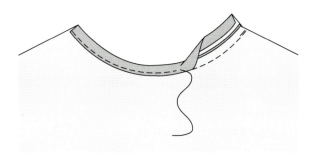

3 Schulternähte schließen

Schulternähte steppen. Dabei genau am markierten Armausschnitt beginnen, am Halsausschnitt steht die Nahtzugabe des Vorderteils über. Nahtzugaben zurückschneiden, zusammengefasst versäubern und nach vorn bügeln.

4 Besatz an vorderen Halsausschnitt nähen

Vorderen Halsausschnittbesatz rechts auf rechts auf das Vorderteil stecken, entlang der Ausschnittkante steppen. Nahtzugaben zurückschneiden. Besatz nach oben legen und schmal neben der Naht auf den Nahtzugaben feststeppen. Besatz nach innen wenden. Besatzschmalseiten eingeschlagen auf den Schulternähten annähen.

5 Armausschnitte einfassen

Am Vorder- und Rückenteil die Nahtzugabe am Querstrich bei Nahtzahl 3 einschneiden, entlang der Armausschnittkanten die Nahtzugabe abschneiden. Die Einfassstreifen vorbügeln wie beim rückwärtigen Halsausschnitt. Die vorgebügelten Einfassstreifen auffalten und ab den Querstrichen rechts auf rechts an die Armausschnittkanten stecken. An den Querstrichen die Streifenenden überstehen lassen. Einfassstreifen 7 mm breit im Bügelbruch feststeppen. Die Streifenenden nach oben zurückschlagen und feststecken. Seitennähte steppen, die Saumzugabe des Vorderteils steht über. Nahtzugaben zusammengefasst versäubern und nach vorn bügeln. Stecknadeln an den Einfassstreifen entfernen. Einfassstreifen um die Armausschnittkanten herum nach innen legen und eingeschlagen auf den Ansatznähten annähen, die Einfassenden festheften. Einfass schmal absteppen.

6 Saum nähen

Am Vorderteil die Saumzugabe nach innen bügeln und von Hand festnähen.

Foto: © Frank Grimm. Original © burda style-Schnitt

PRINT-KLEID

SCHWIERIGKEITSGRAD

Das feminine Kleid mit kleinen Puffärmeln und aufgesetzten, runden Taschen ist einfach zu nähen und unkompliziert zu tragen. Als Blickfang dient das Print-Muster – es wird mit Stempeltechnik aufgedruckt und kann individuell gestaltet werden.

STOFFVERBRAUCH
Baumwollbatist, 140 cm breit
Für Gr. 36–38: 2,10 m
Für Gr. 40–42: 2,15 m
Für Gr. 44: 2,20 m

ZUBEHÖR
Rest Vlieseline G 785

Gummiband, 1 cm breit, Länge ca. 70 cm

1 kleiner beziehbarer Knopf

GRÖSSEN
Gr. 36–44

Rückwärtige Kleidlänge 98 cm

STOFFEMPFEHLUNG
Leichte Kleiderstoffe mit etwas Stand

PRINT-KLEID

PAPIERSCHNITT

Schnitt vom Bogen pausen. Den in Teil 1 eingezeichneten Taschenbeutel als Extrateil abpausen, er gilt für alle Größen. Schnittteile gemäß Zuschneideplan auf den Stoff stecken. Teile a bis d direkt auf den Stoff zeichnen.

Blauer Schnitt, Bogen B
Schnittteile 1 bis 3

Gr. 36 ○—◇—○—◇—○—◇—○—◇—
Gr. 38 – – – – – – – – – –
Gr. 40 —— — —— —
Gr. 42 - - - - - - - - - - - - - - - -
Gr. 44 ——————————

NAHT- UND SAUMZUGABEN

Für Nähte, Kanten und Saum 1,5 cm, für die Ärmelsäume 3 cm zugeben. Bei den Teilen a bis d sind die Zugaben in den Maßen enthalten.

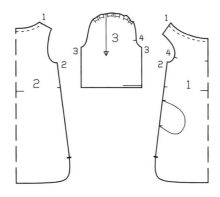

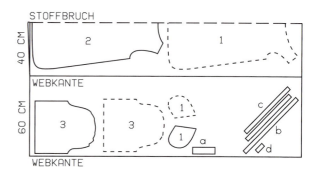

ZUSCHNEIDEN (BATIST, 140 CM BREIT)

1x Vorderteil im Stoffbruch	**1**
2x Taschenbeutel	**1**
1x Rückenteil im Stoffbruch	**2**
2x Ärmel	**3**
1x Schlitzbesatz	**a**
1x Einfassschrägstreifen für den Halsausschnitt	**b**
2x Einfassschrägstreifen für Taschen	**c**
1x Schrägstreifen für die Knopfschlinge	**d**

Stoff gemäß Zuschneideplan falten, die rechte Seite ist innen.

Einlage: Über der Einschnittlinie (vordere Mitte) einen ca. 2 cm breiten Einlagestreifen aufbügeln (auf die linke Stoffseite).

Zuschnittmaße für a bis d

Größe	36	38	40	42	44	Breite für alle
	Länge (cm)					Größen (cm)
a			17			4
b			60			3
c			50			3
d			7			3

1 Schlitz mit Besatz verstürzen

Den Schlitz in der vorderen Mitte mit Heftstichen markieren. Schlitzbesatz rechts auf rechts über der Markierung feststecken. Vom Vorderteil aus die Markierung 2 mm breit umsteppen. Zwischen den Stepplinien einschneiden, an den Ecken schräg bis zu den Stichen einschneiden. Besatz nach innen ziehen. Kanten bügeln. Besatzkanten auf 7 mm Breite einschlagen, feststecken. Schlitz 5 mm breit absteppen.

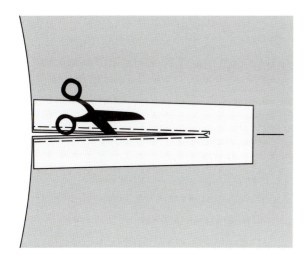

2 Knopfschlinge nähen

Schrägstreifen (d) längs zur Hälfte falten, rechte Seite innen. 3 mm neben der Bruchkante steppen. Zum Wenden an einem Ende die Fäden nicht zu kurz abschneiden. Nahtzugaben schmal zurückschneiden. Fadenenden in eine Stopfnadel fädeln und fest verknoten. Stopfnadel mit dem Öhr voran durch das Röllchen schieben und so das Röllchen wenden. Röllchen vorerst zur Seite legen.

3 Schulternähte schließen

Schulternähte steppen, dabei genau an der markierten Halsausschnittlinie beginnen bzw. enden. Nahtzugaben auf 1 cm Breite zurückschneiden, zusammengefasst versäubern und ins Rückenteil bügeln.

4 Halsausschnitt nähen

Am Halsausschnitt die Nahtzugaben abschneiden. Zum Einreihen an Vorder- und Rückenteil jeweils 5 mm neben der Kante mit größter Sticheinstellung steppen. 5 mm daneben noch einmal steppen. Unterfäden festhalten, Kanten auf den Fäden zusammenschieben: Die vorderen Ausschnittkanten einreihen, Gr. 36: 15,5 cm, Gr. 38, 40: 16 cm, Gr. 42, 44: 16,5 cm, den rückwärtigen Ausschnitt einreihen, Gr. 36: 22 cm, Gr. 38: 22,5 cm, Gr. 40: 23 cm, Gr. 42: 23,5 cm, Gr. 44: 24 cm. Fäden verknoten. Weite gleichmäßig verteilen. Schrägstreifen zur Hälfte falten, linke Seite innen. Bruchkante bügeln. Schrägstreifen auffalten. Nacheinander die langen Kanten bis zum Bügelbruch nach innen falten. Bügeln. Eine Kante des Schrägstreifens wieder auffalten und rechts auf links auf den Halsausschnitt stecken, an den Schlitzkanten überstehen lassen. Streifen im Bügelbruch (7 mm breit) feststeppen. Schrägstreifenenden 7 mm neben den Schlitzkanten abschneiden. Streifen nach oben legen, Enden einschlagen. Schrägstreifen um die Kante herumlegen, einschlagen und über der Ansatznaht feststecken. Das Röllchen zur Schlinge legen, an der rechten Schlitzkante zwischen die Einfassenden schieben – die Schlingengröße richtet sich nach der Knopfgröße. Einfass schmal feststeppen, vordere Enden zusteppen.

PRINT-KLEID

5 Seitennähte schließen

Seitennähte von oben bis zum Schlitzzeichen steppen. Nahtzugaben auseinanderbügeln, von oben bis zum Nahtende versäubern.

6 Saum mit Schlitzen nähen

Zugabe an Saum- und Schlitzkanten nach innen umbügeln. Zugaben auf halbe Breite einschlagen. Kanten bügeln. Von der rechten Kleidseite aus die Saum- und Schlitzkanten 7 mm breit absteppen, am Schlitzende quer bis zur Naht steppen.

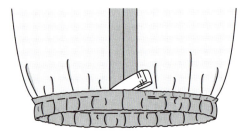

7 Ärmel mit Gummizug nähen

Von der rechten Ärmelseite aus die Falten in Pfeilrichtung legen und festheften. Ärmelnaht steppen. Nahtzugaben auseinanderbügeln und versäubern. Die Zugabe der unteren Kante nach innen umbügeln, auf 1,5 cm Breite einschlagen, festheften und schmal feststeppen, dabei zum Einziehen des Gummibandes ca. 2 cm offen lassen. 2 Gummibänder abschneiden, für Gr. 36: 30 cm, Gr. 38: 31 cm, Gr. 40: 32 cm, Gr. 42: 33 cm, Gr. 44: 34 cm lang. In die unteren Ärmelkanten einziehen. Gummibandenden 1 cm breit aufeinandernähen. Offene Nahtstelle zunähen. Ärmel einsetzen.

8 Taschen einfassen

Entlang den runden Taschenkanten die Zugaben abschneiden. Diese Kanten mit Schrägstreifen einfassen wie beim Halsausschnitt erklärt, jedoch die Enden der Streifen nicht einschlagen. Die Zugaben der geraden Taschenkante (Tascheneingriff) nach innen umbügeln, einschlagen und von rechts 5 mm breit feststeppen.

9 Taschen aufnähen

Taschen jeweils zwischen den Querstrichen so auf die Vorderteile stecken, dass der Tascheneingriff an die Seitennaht trifft. Taschen genau in der bereits vorhandenen Stepplinie des Einfasses feststeppen.

10 Knopf annähen

Den Knopf mit Stoff beziehen und an der linken Schlitzkante annähen.

11 Kleid bedrucken

Das Kleid nach Belieben mit einem Wimpelkettenmotiv (siehe rechts) bedrucken.

STEMPELDRUCK – SO GELINGT`S

Material für die Stempel

Moosgummireste, mindestens so groß wie die Motive. Ca. 1 cm dicke Holzklötzchen, je ca. 1 cm ringsum größer als das Stempelmotiv. Schere oder Cutter. Transparentpapier. Weicher Bleistift. Doppelseitiges Klebeband.

Farbe für den Druck

Stofffarbe und Schwämmchen zum Auftragen der Farbe; alternativ Textil-Stempelkissen.

Stempel herstellen

Motive abpausen, auf die Gummiplatten übertragen und ausschneiden. Motiv mit Klebeband auf den Holzklötzchen aufkleben. Tipp: Die beiden kleinen Motive können an beiden Seiten aufgeklebt werden, eines auf der Oberseite, ein anderes auf der Unterseite des Klötzchens. Außerdem empfiehlt es sich, die Dreiecke nicht mittig auf die Klötzchen zu kleben, sondern die obere Kante der Dreiecke bündig mit dem Holzklötzchen abschließen zu lassen – so sieht man später beim Drucken besser, wo das Stempelmotiv anfängt.

Stoff bedrucken

Das Kleid vor dem Bedrucken waschen (ohne Weichspüler) und bügeln. Motivverlauf nach Wunsch leicht mit Bleistift, Kreide oder Phantomstift aufzeichnen. Dicke Pappe oder mehrere Lagen Zeitungspapier zwischen die Stofflagen schieben. Kleid flach auslegen. Stofffarbe mit einem Schwämmchen auf der Gummiplatte des Stempels auftragen (oder den Stempel in das Stempelkissen drücken). Die Motive wie gewünscht auf den Stoff drucken. Am besten zuerst an einem Stoffrest ausprobieren. Farbe gut trocknen lassen. Die aufgedruckten Motive von der Stoffrückseite aus bügeln (dabei Herstellerhinweise beachten).

Foto: © Benedikt Müller. burda style-geprüfte Passform

ÄRMELLOSES KLEID

SCHWIERIGKEITSGRAD

Dieser Schnitt garantiert das Erfolgserlebnis beim Nähen – ganz gleich, aus welchem Stoff das Kleid mit tiefen Kellerfalten genäht wird, das Ergebnis ist immer beeindruckend. Das Oberteil wird für mehr Festigkeit komplett mit Futter verstürzt.

STOFFVERBRAUCH
Jacquard, 140 cm breit
Für Gr. 36: 1,20 m
Für Gr. 38–44: 1,75 m

Futter, 140 cm breit
Für Gr. 36–44: 0,55 m

ZUBEHÖR
Vlieseline G 785

Nahtreißverschluss, 60 cm lang,
und Spezialfüßchen

GRÖSSEN
Gr. 36–44

Kleidlänge ab Taille 50 cm

STOFFEMPFEHLUNG
Kleiderstoffe mit etwas Stand

ÄRMELLOSES KLEID

PAPIERSCHNITT

Schnitt vom Bogen pausen. Schnittteile gemäß Zuschneideplan auf den Stoff stecken.

Grüner Schnitt, Bogen D
Schnittteile 1 bis 3

Gr. 36 ◇———◇———◇———◇———◇
Gr. 38 – – – – – – – – – –
Gr. 40 ——— — — —
Gr. 42 - - - - - - - - - - - - - - -
Gr. 44 ————————————

NAHT- UND SAUMZUGABEN

Für Nähte und Kanten 1,5 cm, für den Saum 4 cm zugeben.

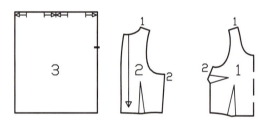

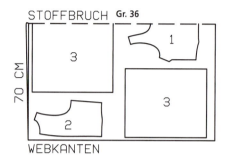

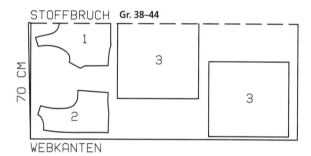

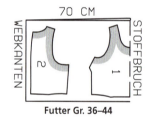

ZUSCHNEIDEN (BEI 140 CM STOFFBREITE)

Oberstoff

1x Vorderteil im Stoffbruch	**1**
2x Rückenteil	**2**
1x Vordere Rockbahn im Stoffbruch	**3**
2x Rückwärtige Rockbahn	**3**

Futter (Oberteil)

1x Vorderteil im Stoffbruch	**1**
2x Rückenteil	**2**

Zuschnitt bei doppelter Stofflage, rechte Seite innen.
Einlage siehe Graufläche im Zuschneideplan.

1 Brustabnäher schließen

Brustabnäher steppen und nach unten bügeln.

2 Taillenabnäher schließen

Taillenabnäher am Vorderteil und an den Rückenteilen steppen. Die Abnäher zur vorderen bzw. rückwärtigen Mitte bügeln.

3 Seitennähte schließen

Seitennähte am Oberteil und am Rock steppen. Nahtzugaben auseinanderbügeln.

4 Falten legen

Falten am Rock in Pfeilrichtung legen, an der oberen Rockkante festheften (siehe auch Kellerfalten, Seite 185). Die seitlichen Falten treffen an die Seitennähte, die rückwärtigen Falten enden jeweils an der Nahtzugabe.

5 Rock an Oberteil nähen

Rock an das Oberteil steppen, dabei treffen die Seitennähte aufeinander, und die Kellerfalten treffen auf die Abnäher.

6 Reißverschluss einnähen

Nahtreißverschluss an den rückwärtigen Kanten einnähen wie (siehe auch Nahtreißverschluss, verdeckt, Seite 183). Dabei die Falten nicht mitsteppen.

7 Futter nähen

Am Futter Abnäher und Seitennähte steppen. Die Zugabe der Schulterkanten an Vorder- und Rückenteilen nach innen umbügeln.

8 Futter in das Oberteil nähen

Futter rechts auf rechts auf das Oberteil stecken, Seitennähte treffen aufeinander. Die rückwärtigen Futterkanten 5 mm vor den Schlitzkanten zurückschlagen, an der oberen Kante feststecken.

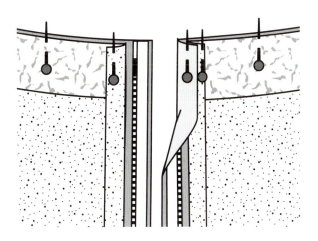

ÄRMELLOSES KLEID

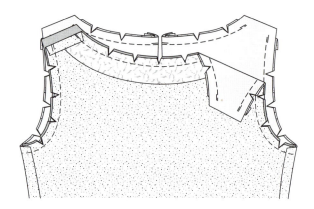

Die Schlitzzugaben mit den Reißverschlussbändern nach außen legen und über dem Futter feststecken.

Futter entlang der Ausschnittkante und der Armausschnittkanten feststeppen. Zugaben zurückschneiden, einschneiden.

Schlitzzugaben nach innen wenden. Futter nach oben legen und so weit wie möglich schmal neben der Naht auf den Nahtzugaben feststeppen. Futter nach innen wenden und eingeschlagen an der Rockansatznaht und den Reißverschlussbändern annähen.

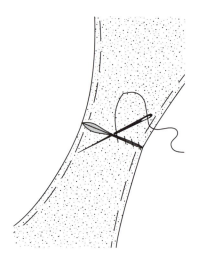

Zugaben unter das Futter schieben und auseinanderbügeln. Die Schulterkanten am Futter von Hand gegeneinander nähen.

10 Saum nähen
Saumzugabe nach innen bügeln, mit unsichtbaren Saumstichen von Hand festnähen.

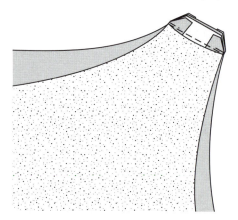

9 Schulternähte schließen
Schulternähte am Kleid steppen, dabei das Futter nicht mitfassen.

Foto: © Benedikt Müller. burda style-geprüfte Passform

TOP MIT REISSVERSCHLUSS

Projekte

SCHWIERIGKEITSGRAD

Das figurbetonende Trägertop mit dem sichtbar eingesetzten teilbaren Reißverschluss kann ganz unkompliziert mit Jeans kombiniert werden, sieht aber auch zu Röcken gut aus. Abnäher und Teilungsnähte verleihen ihm eine perfekte Passform.

STOFFVERBRAUCH
Baumwoll-Renforcé,
140 cm breit
Für Gr. 36–44: 0,50 m

ZUBEHÖR
Reißverschluss, 25 cm lang,
teilbar

GRÖSSEN
Gr. 36–44

STOFFEMPFEHLUNG
Bedruckte Baumwollstoffe
mit etwas Stand

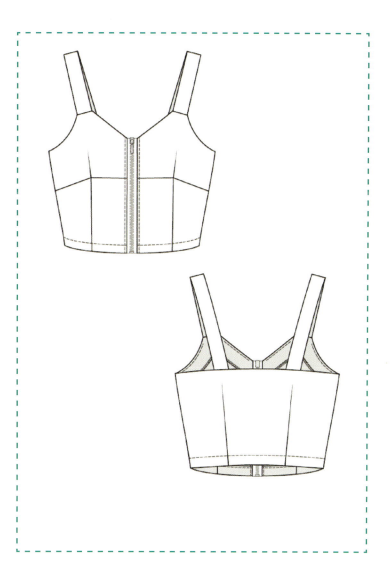

TOP MIT REISSVERSCHLUSS

PAPIERSCHNITT

Schnitt vom Bogen pausen. Schnittteile gemäß Zuschneideplan auf den Stoff stecken.

Roter Schnitt, Bogen D
Schnittteile 1 bis 7

Gr. 36 ⬦—⬦—⬦—⬦—⬦—⬦—
Gr. 38 – – – – – – – – – –
Gr. 40 ——— — — —
Gr. 42 - - - - - - - - - - - - - - - - - - -
Gr. 44 ————————

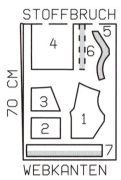

STOFFBRUCH

70 CM

WEBKANTEN

NAHT- UND SAUMZUGABEN

Für Nähte und Kanten 1,5 cm, für den Saum 4 cm zugeben.

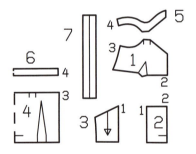

ZUSCHNEIDEN (RENFORCÉ, 140 CM BREIT)

2x	Vorderteil (oben)	**1**
2x	Mittleres Vorderteil	**2**
2x	Seitliches Vorderteil	**3**
1x	Rückenteil im Stoffbruch	**4**
2x	Vorderer Besatz	**5**
1x	Rückwärtiger Besatz im Stoffbruch	**6**
2x	Träger	**7**

Zuschnitt bei doppelter Stofflage, rechte Seite innen.

Einlage siehe Graufläche im Zuschneideplan.

1 Brustabnäher schließen
An den Vorderteilen die Brustabnäher steppen und zu den seitlichen Kanten bügeln.

2 Taillenabnäher schließen
Am Rückenteil die Taillenabnäher steppen und zur rückwärtigen Mitte bügeln.

3 Teilungsnähte am Vorderteil steppen
Mittleres und seitliches Vorderteil zusammennähen. Zugaben auseinanderbügeln.

4 Oberes und unteres Vorderteil verbinden
Obere Vorderteile an die unteren Vorderteile steppen. Zugaben nach oben bügeln.

5 Seitennähte schließen
Seitennähte steppen. Zugaben auseinanderbügeln.

6 Zugabe in der vorderen Mitte umbügeln
Die Zugabe der vorderen Längskanten nach innen umbügeln.

7 Reißverschluss festheften
Reißverschluss teilen und so unter die vorderen Kanten heften, dass die Zähnchen sichtbar sind.

8 Schulterträger nähen
Träger längs falten, die rechte Seite liegt innen. Lange Kanten aufeinandersteppen. Träger wenden, bügeln. Träger zwischen den Querstrichen auf die Vorderteile stecken.

9 Besatz an die obere Kante steppen
Seitennähte am Besatz steppen. Zugaben auseinanderbügeln. Die Zugabe der vorderen Besatzkanten einschlagen. Besatz auf die obere Kante steppen. Zugaben zurückschneiden, einschneiden. Besatz nach oben legen, Zugaben in den Besatz bügeln und schmal neben der Ansatznaht feststeppen. Besatz nach innen wenden, auf die Reißverschlussbänder nähen.

10 Saum feststeppen
Saum umbügeln, vorne auf die Reißverschlussbänder nähen. Untere Kante 3,5 cm breit absteppen.

11 Träger befestigen
Trägerenden am Rückenteil zwischen den Querstrichen unterstecken. Länge prüfen. Trägerenden von Hand auf den Besatz nähen.

81

Foto: © Nikol Bartzoka. Original © burda style-Schnitt

MIDI-CULOTTE

Projekte

SCHWIERIGKEITSGRAD ■ ■ ☐

Zum Blau der Bluse sieht ein satter Marsala-Ton einfach toll aus. Die Culotte mit Hüftpassentaschen wirkt so besonders dramatisch. Der Schnitt ist figurfreundlich, denn an den Hüften sitzt der Hosenrock durch die oben zugesteppten Bundfalten schön schmal.

STOFFVERBRAUCH
Gabardine, 150 cm breit
Für Gr. 36–40: 1,55 m
Für Gr. 42–44: 1,70 m

ZUBEHÖR
Vlieseline H 410

Reißverschluss, Gr. 36, 38:
14 cm lang, Gr. 40–44: 16 cm
lang

1 Hakenverschluss zum
Einnieten

GRÖSSEN
Gr. 36–44

Seitliche Länge ab Bund
ca. 88 cm

Saumweite ca. 72 cm

STOFFEMPFEHLUNG
Hosenstoffe

MIDI-CULOTTE

Er ist wieder da, der Hosenrock! Für einige mag das eher ein modischer Albtraum sein, der aus dem kollektiven Modegedächtnis bereits verschwunden schien, nun aber wiederkehrt! Es ist schon eine Weile her, dass dieses eigenwillige Kleidungsstück die Mode eroberte.

Um 1900, als die Hosenvariante erstmals in Erscheinung trat, wurde sie „geteilter Rock" genannt. In jener Zeit galt es für Frauen als unschicklich, Hosen zu tragen. Frauen eroberten sich das Recht, sportlich aktiv zu sein, dafür brauchten sie auch ein passendes Kleidungsstück – und der Hosenrock ermöglichte ihnen, Rad zu fahren, zu reiten wie ein Mann und in den Genuss von Beinfreiheit zu gelangen!

Im 17. und 18. Jahrhundert nannten die Franzosen die Kniebundhosen – damals typische Männerbeinkleider – Culotte, was von dem umgangssprachlichen Wort „cul", für Hinterteil, abgeleitet wurde. Was wohl leider auch für viele Frauen der Grund ist, dieser Hose ihre Aufmerksamkeit vorzuenthalten!

Heute verwenden wir für den guten alten Hosenrock ebenfalls die Bezeichnung „Culotte". In den 1960er-Jahren erlebte dieses Modell ein großes Comeback, und zu meinen Studienzeiten in den 1990ern galt es sogar als richtig mondän. Zu meinen ersten Uniformen, die ich in dieser Zeit für ein deutsch-spanisches Reiseunternehmen entwerfen durfte, gehörte neben dem klassischen Rock auch eine Culotte. Heute würde ich fast sagen, wie mutig, aber ich bin mir sicher, dass vielleicht nicht jede Mitarbeiterin damit glücklich wurde. Da wären wir auch schon bei der Problematik dieser Hose. Viele Frauen mögen dieses Modell nicht, weil sie befürchten, darin dick und klein zu wirken, Cul..., Sie wissen schon! Kurz gesagt, wer Midi-Glockenröcke liebt und gern trägt, der kann sich auch an einer Culotte versuchen, denn für beide gilt das gleiche, sie bedeuten Beinfreiheit mit ausreichend Stoff! Sie ist zudem ein wirkliches Highlight im Kleiderschrank und kann richtig toll aussehen. Diese wunderbaren Beinkleider lassen sich vielfältig kombinieren und sind, je nach Stoffwahl, elegant, sportlich oder sehr lässig. T-Shirts und schmale Pullover sind dazu ebenso optimal wie kurze Jacken und Tops. Wer gern mal Stiefel oder Boots trägt, kann mit diesen Hosen eine gute und modische Zeit erleben!

Wichtig sind dabei nur fünf Grundsätze, die zu beachten wären:

1. Sie sollte Ihnen wirklich gefallen ...

2. Je kürzer die Beine, desto höher sollte der Absatz sein, das heißt, wer eine Culotte tragen will, sollte immer noch Bein zeigen und die Hose auch nicht zu lang zuschneiden!

3. Je voluminöser Stoff und Schnitt, desto schmaler sollte das Oberteil ausfallen!

4. Je kräftiger die Figur, umso wichtiger ist ein Schuh mit etwas Absatz, und je gefälliger und fließender der Stoff, desto optimaler wirkt dann auch die Passform.

5. Große Muster gehören nicht zu den optimalen Designs, Gleiches gilt für Karo und Punkte, da diese Muster in der üppigen Stoffmenge eher auftragen.

Nun zu den Figuren: Die unten etwas breiteren wählen bitte eine leichte, nicht zu kurze A-Form. Bügel- und Kellerfalten lassen die Figur schmaler wirken!

Die sympathischen Bretter, also die eher mageren Figuren, sind wie gemacht für dieses Hosenmodell, es zaubert etwas Volumen, und in Bewegung schmeichelt das ihrer Figur und Silhouette!

Die weiblichen Figuren sollten, wie immer, darauf achten, Taille zu zeigen, das gilt auch für die „Alles-unten-Mädchen".

Die kleinen runden Kugelfische, also die O-Figuren, sind nicht die optimalen Trägerinnen dieser Hosengattung, da sie stets ihre schmalen Beine zeigen sollten. Frauen mit breiten Schultern können mit diesen Hosen ihre Proportionen optimieren. Die Culotte ist auf jeden Fall eine tolle und modische Variation der Hose, und ich wünsche Ihnen viel Vergnügen beim Nähen und Ausprobieren. Sollte sie Ihnen wider Erwarten nicht stehen, so haben wir Schneiderlein doch immer die Möglichkeit, daraus wieder einen Rock zu basteln!

MIDI-CULOTTE

PAPIERSCHNITT

Schnitt vom Bogen pausen. Die Stepplinie am Reißverschlussschlitz gilt für Gr. 36. Für Gr. 38–44 die Stepplinie im gleichen Abstand zur vorderen Mitte einzeichnen wie bei Gr. 36, Schlitzlänge beachten. Schnittteile gemäß Zuschneideplan auf den Stoff stecken. Teile a und b direkt auf den Stoff zeichnen.

Schwarzer Schnitt, Bogen B
Schnittteile 21 bis 24

Gr. 36 ┄┄┄┄┄┄┄┄┄
Gr. 38 ─── ── ── ───
Gr. 40 ─ ─ ─ ─ ─ ─
Gr. 42 ── ── ── ───
Gr. 44 ∿∿∿∿∿∿∿∿∿

NAHT- UND SAUMZUGABEN

Für Nähte und Kanten 1,5 cm, für den Saum 3 cm zugeben. Bei den Teilen a und b sind die Zugaben in den Maßen enthalten.

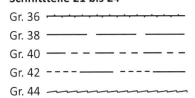

Zuschnittmaße für a und b

Größe	36	38	40	42	44	Breite für alle Größen (cm)
	\multicolumn{5}{Länge (cm)}		
a	45	47	49	51	53	8
b	17,5		19,5			9

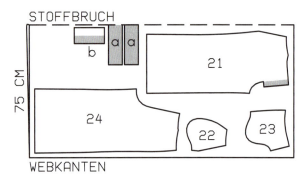

STOFFBRUCH

75 CM

WEBKANTEN

ZUSCHNEIDEN (GABARDINE, 150 CM BREIT)

2x	Vorderes Hosenteil	**21**
2x	Taschenbeutel	**22**
2x	Seitliche Hüftpasse mit angeschnittenem Taschenbeutel	**23**
2x	Rückwärtiges Hosenteil	**24**
2x	Bund	**a**
1x	Schlitzuntertritt	**b**

Zuschnitt bei doppelter Stofflage, rechte Seite innen.
Einlage siehe Graufläche im Zuschneideplan.
Rechten Schlitzbesatz mit Einlage verstärken. Untertritt längs zur Hälfte verstärken.

1 Nahtkanten dehnen

Die rückwärtigen Hosenteile rechts auf rechts aufeinanderlegen. Die inneren Beinnähte oberhalb des Querstrichs mit dem Dampfbügeleisen oder unter einem feuchten Tuch dehnen, bis sie so lang sind wie am vorderen Hosenteil.

2 Falte und Abnäher zusteppen

An den vorderen Hosenteilen die Falte von innen von der oberen Kante bis zum Pfeilzeichen zusteppen. Dann die Falte in Pfeilrichtung bügeln und

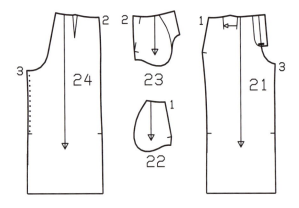

an der Oberkante festheften. Rückwärtige Abnäher steppen und zur rückwärtigen Mitte der Culotte bügeln.

3 Hüftpassentaschen nähen

Taschenbeutel rechts auf rechts auf die Eingriffkanten der vorderen Hosenteile steppen. Taschenbeutel zur Seite legen und schmal neben der Naht auf den Nahtzugaben feststeppen. Taschenbeutel nach innen wenden. Kante bügeln. Tascheneingriffe, die Anstoßlinien treffend, auf die seitlichen Hüftpassen stecken. Innen die Taschenbeutel aufeinandersteppen. Taschenbeutel an den vorderen Hosenteilen unterheften. Zuvor am rechten Taschenbeutel die Zugabe entlang der vorderen Mitte abschneiden. (siehe auch Hüftpassentaschen, Seite 210).

4 Seiten- und innere Beinnähte schließen

Seitennähte und innere Beinnähte steppen. Nahtzugaben auseinanderbügeln. Vordere Mittelnaht vom Schlitzzeichen bis zur inneren Beinnaht steppen.

5 Reißverschluss einnähen

Angeschnittene Schlitzbesätze für Reißverschluss nach innen bügeln, rechts entlang der vorderen Mitte, links 5 mm vor der vorderen Mitte. An der linken Schlitzkante (Untertritt) den Reißverschluss schmal neben den Zähnchen untersteppen. Den Schlitz Mitte auf Mitte zustecken. Das lose Reißverschlussband auf den rechten Besatz steppen, das Hosenteil nicht mitfassen. Besatz festheften. Den Schlitz von oben bis 2 cm vor das Schlitz-

ende wie eingezeichnet absteppen. Schlitzuntertritt längs falten, untere Schmalseite zustepppen. Wenden. Untertritt unter die linke Schlitzkante legen (fertige Untertrittbreite 3 cm), am Schlitzbesatz feststecken. Den Schlitzbesatz dicht neben der Reißverschlussansatznaht auf den Untertritt steppen. Schlitz zulegen und bis zum Schlitzende absteppen, dabei den Untertritt mitfassen.

6 Bund festnähen

Bundteile längs zur Hälfte falten, linke Seite innen, obere Bruchkante einbügeln. Bundteile wieder auffalten. Rechten und linken Bund an die oberen Hosenkanten steppen, linkes Bundende an den Schlitzuntertritt steppen, rechtes Bundende ab der vorderen Mitte überstehen lassen. Nahtzugaben der Ansatznähte und der anderen Längskanten in die Bundteile bügeln. Rückwärtige Mittelnaht steppen, fortlaufend die rückwärtigen Bundenden zusammensteppen. Nahtzugaben von oben bis zum Beginn der Schrittrundung auseinanderbügeln. Im Schritt sollen die Nahtzugaben nicht flach gebügelt werden. In 1 cm Abstand zum rechten vorderen Bundende den Hosenhaken auf der inneren Bundhälfte befestigen. Bund der Länge nach rechts auf rechts falten. Entlang der Bundenden steppen, dabei am rechten Bundende entlang der vorderen Mitte steppen. Nahtzugaben zurückschneiden, an den Ecken schräg abschneiden. Bund wenden. Bundinnenkante an der Ansatznaht annähen. Hakenverschluss am Bund befestigen.

7 Saum nähen

Saumzugaben nach innen bügeln und eingeschlagen 2 cm breit feststeppen.

Foto: © Blasius Erlinger. Original © burdastyle-Schnitt

OVERALL

SCHWIERIGKEITSGRAD ■ ■ ☐

Das ist die moderne – und komfortable – Alternative zum Abend-kleid: Aus edel schimmerndem Seidenjersey genäht, wird der lässige Overall mit Tunnelzug in der Taille und Verschlingung im Rücken zur perfekten Party-Garderobe.

STOFFVERBRAUCH
Seidenjersey, 130 cm breit
Für Gr. 34–40: 2,50 m
Für Gr. 42: 2,75 m

ZUBEHÖR
Vlieseline Formband

Rest Vlieseline H 200

Zwillingsnadel

Gummiband, 1 cm breit (von Größe zu Größe): 2,20 – 2,35 – 2,45 – 2,55 – 2,70 m

GRÖSSEN
Gr. 34–42

Seitl. Hosenlänge 108 cm

Saumweite (von Größe zu Grö-ße): 62 – 63 – 64 – 65 – 66 cm

STOFFEMPFEHLUNG
Sweatshirtstoffe, Nickistoffe oder Jerseystoffe

OVERALL

Buchstäblich über allem steht der Overall, denn er bietet, wie es sein Name schon verspricht, recht viel, er ist „überall" und kann dabei sehr chic und lässig wirken! Vermutlich ist er auch deshalb ein großer Gewinner auf der Beliebtheitsskala vieler Frauen. Auch die Herren wissen dieses Kleidungsstück zu schätzen, und er ist sogar ihnen zu verdanken.

Der Overall stammt ursprünglich aus Amerika und ist im klassischen Sinne ein Überanzug, der einst als Schutzkleidung diente. Er wurde unter anderem von Arbeitern getragen, die große Kessel reinigen mussten – deshalb heißt er in Großbritannien „boilersuit".

Zu den Overalls zählt auch der Jumpsuit, und das verdeutlicht schon seine überaus praktische Eigenschaft. Er hat die nötigsten Öffnungen, ruht auf den Schultern und hält am Körper ohne jegliches Hilfsmittel. Und damit ist er eine richtige „Stütze" für die Figur.

Overalls kamen und kommen immer zum Einsatz, wenn es praktisch sein soll und Funktionalität im Vordergrund stehen soll.

Die chinesische Kulturrevolution wurde ebenfalls im Overall auf den Weg gebracht. Die Kleidung des Volks sollte praktisch, gut und funktional sein. Hätten sich die Machthaber damals für einen Bleistiftrock entschieden, wäre vermutlich den Menschen viel Leid erspart geblieben, er wäre einfach zu eng gewesen …

Der Jumpsuit erlebte durch die amerikanischen Fliegerstaffeln seinen Einzug in die Mode. Wer mag sich nicht an Tom Cruise erinnern, als er in „Top Gun" im schmucken Fliegeroverall der Royal Airforce die Mädels verrückt machte.

Die erste Frau, die in einem Overall eine ganz besondere Figur machte, war keine Geringere als Marlene Dietrich. Sie wurde in ihrem Jumpsuit für viele Frauen in den Kriegsjahren Vorbild und setzte ein Zeichen auf dem Weg zur Emanzipation! Heute sind Overalls aus der Garderobe von Frauen nicht mehr wegzudenken. Es gibt sie in unterschiedlichsten Ausführungen, doch allen gemein ist: Sie ruhen auf der Schulter.

Unser Overall hat einen Tunnelzug, ein praktischer und sehr dekorativer Helfer, um Taille zu zaubern. Ich bin mir sicher, wenn Sie einmal einen Tunnelzug genäht haben, dann werden Sie ihn sicher nicht zum letzten Mal verarbeitet haben. Das Wunderbare an einem Overall mit Tunnelzug ist: Sie brauchen nur Stoff und etwas Garn.

Overalls sind, wie schon gesagt, wunderbar und lässig, darüber hinaus können sie sehr elegant sein, und es gibt keine Rote-Teppich-Veranstaltung mehr, wo sie nicht auch ihren Auftritt haben. Also, nichts wie ran an dieses Traumteil!

Eigentlich können ihn alle tragen, wer etwas kaschieren muss, der macht es mit einer langen Jacke, einem leichten Mantel oder einem Schal.

Er liebt Frauen und schönen Schmuck, mag Pumps und Riemchensandaletten und ist auch mit Segelschuhen, Ballerinas und Stiefeletten wunderbar, versprochen!

OVERALL

PAPIERSCHNITT

Schnitt vom Bogen pausen. Teile 3 und 4 wie angegeben verlängern.

Der Durchzugschlitz (Knopfloch) in Teil 3 gilt für Gr. 34. Für die restlichen Größen den Schlitz den Größenlinien entsprechend nach vorne rücken. Die Stepplinien für den Gummizug in Teil 4 sind für Gr. 34 eingezeichnet. Für die restlichen Größen die Linien entsprechend neu einzeichnen.
Schnittteile gemäß Zuschneideplan auf den Stoff stecken. Teile a bis c direkt auf den Stoff zeichnen.

Roter Schnitt, Bogen C
Schnittteile 1 bis 5

Gr. 34 ⬦—⬦—⬦—⬦—⬦—⬦
Gr. 36 – – – – – – –
Gr. 38 —— — —— —
Gr. 40 - - - - - - - - - - - -
Gr. 42 ——————————

NAHT- UND SAUMZUGABEN:

Für Nähte und Kanten 1,5 cm, für den Saum 3 cm zugeben. Bei den Teilen a bis c sind die Zugaben in den Maßen enthalten.

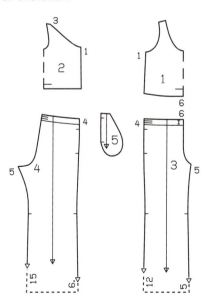

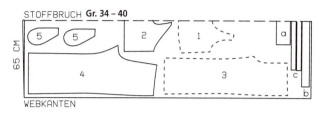

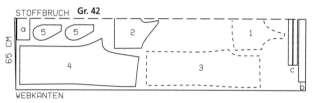

ZUSCHNEIDEN (JERSEY, 130 CM BREIT):

1x	Vorderteil im Stoffbruch	**1**
1x	Rückenteil im Stoffbruch	**2**
2x	Vorderes Hosenteil	**3**
2x	Rückwärtiges Hosenteil	**4**
4x	Taschenbeutel	**5**
1	Träger	**a**
1	Besatzstreifen für Gummizug	**b**
2x	Durchzugband	**c**

Stoff gemäß Zuschneideplan falten, rechte Seite liegt innen.

Einlage: Formband auf die Ausschnitt- und Armausschnittkanten von Vorder- und Rückenteil aufbügeln.

Zuschnittmaße für a bis c

Größe	34	36	38	40	42	Breite für alle Größen (cm)
	Länge (cm)					
a	37,5	38	38,5	39	39,5	12
b	98	102	106	110	114	6
c	76	78	80	82	84	4

OVERALL

1 Nähte am Oberteil schließen

Seitennähte am Oberteil steppen. Nahtzugaben zusammengefasst versäubern, nach hinten bügeln.

2 Ausschnittkanten umsteppen

Am Vorder- und Rückenteil die Nahtzugaben der Halsausschnitt- und Armausschnittkanten auf 1 cm Breite zurückschneiden, nach innen bügeln und 7 mm breit mit der Zwillingsnadel feststeppen.

3 Hosenseitennähte schließen

Seitennähte an der Hose steppen, Tascheneingriffe offen lassen. Nahtzugaben auseinanderbügeln.

4 Nahttaschen nähen

Taschenbeutel rechts auf rechts an die Eingriffkanten stecken. Taschenbeutel dicht neben der Seitennaht und am Eingriff entlang der Nahtlinie ansteppen. Taschenbeutel nach vorn bügeln und aufeinandersteppen. Die oberen Taschenbeutelkanten an den vorderen Hosenteilen unterheften (siehe auch Nahttaschen, Seite 208).

5 Innere Beinnähte schließen

Innere Beinnähte steppen. Nahtzugaben zusammengefasst versäubern, zu einer Seite bügeln. Hosenhälften rechts auf rechts ineinanderziehen. Vordere und rückwärtige Mittelnaht durchgehend steppen.

6 Durchzugschlitze nähen

Durchzugschlitze an den vorderen Hosenteilen einnähen (wie ein Knopfloch). Vorher kleine Einlagestückchen zur Verstärkung unterbügeln.

7 Oberteil an Hose nähen

Oberteil an die obere Hosenkante steppen. Nahtzugaben zusammengefasst versäubern und nach oben bügeln. Die Stepplinien für den Gummizug mit Heftstichen auf die rechte Stoffseite übertragen.

8 Tunnelzug und Zugband nähen

Streifen für das Durchzugband an den Schmalseiten zu einem langen Band aneinandernähen. Enden einschlagen, Band längs falten, rechte Seite innen. In 7 mm Abstand zur Bruchkante steppen. Band wenden und bügeln. Am Besatzstreifen b die Längskanten versäubern. Schmalseiten zur linken Stoffseite umbügeln. Besatzstreifen von innen links auf links auf die Hose stecken und festheften, dabei an einer Seitennaht beginnen bzw. enden. Besatzstreifen von rechts in der Nahtrille der Ansatznaht feststeppen. Die Hose wie eingezeichnet für den Gummizug absteppen. Gummiband in drei gleich lange Stücke schneiden. Gummibänder einziehen, Enden aneinandernähen, fertige Gummizugweite, Gr. 34: 70 cm, Gr. 36: 74 cm, Gr. 38: 78 cm, Gr. 40: 82 cm, Gr. 42: 86 cm. In den mittleren Durchzug zusätzlich das Durchzugband einziehen (siehe auch Tunnelzug, Seite 204).

9 Saum nähen

Saumzugaben nach innen bügeln, mit der Zwillingsnadel 2,7 cm breit feststeppen.

10 Träger nähen

Am Träger die Zugaben der Schmalkanten nach links umbügeln. Träger längs falten, rechte Seite innen. Längskanten aufeinandersteppen. Träger wenden. Kanten bügeln.

11 Träger feststeppen

Zuerst ein offenes Trägerende über die Zugaben einer Schulternahtkante schieben und feststecken. Umgebügelte Trägerkanten mit kleinen Stichen von Hand festnähen oder schmal feststeppen. Träger von außen nach innen durch die rückwärtige Ausschnittöffnung schieben, Träger dabei nicht verdrehen, siehe Abbildung. Anderes Trägerende an der zweiten Schulternahtkante festnähen.

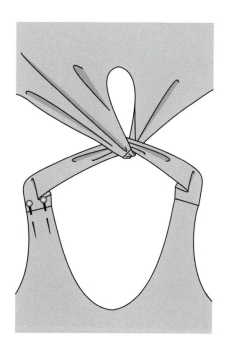

Tipp: Bei dehnbaren Stoffen die Nähte mit einem elastischen Spezialstich oder schmal eingestelltem Zickzackstich steppen. Saumzugaben mit einer Zwillingsnnadel feststeppen, damit sie dehnbar bleiben. (siehe auch Jersey verarbeiten, Seite 216).

© Carlos Alsina. Original © burda style-Schnitt

94

TORERO-HOSE

SCHWIERIGKEITSGRAD ■ ■ ☐

An eine traditionelle Torero-Hose erinnert dieses hoch geschnittene Modell mit paspelierten Teilungsnähten. Der breite Formbund betont die Taille und erzeugt eine sensationelle Silhouette.

STOFFVERBRAUCH
Elastik-Jacquard, querelastisch,
125 cm breit
Für Gr. 34–38: 1,70 m
Für Gr. 40–42: 1,75 m

ZUBEHÖR
Vlieseline H 410

Vlieseline Formband

Nahtreißverschluss, 22 cm lang,
und Spezial-Nähfuß

Paspelband, 3 mm breit
(von Größe zu Größe): 2,65 –
2,70 – 2,75 – 2,80 – 2,85 m

GRÖSSEN
Gr. 34–42

⅞-Hose, seitliche Länge
ca. 97 cm
(obere Passenkante 4 cm oberhalb Taille)

Saumweite ca. 31 cm

STOFFEMPFEHLUNG
Elastische Hosenstoffe (nur
quer- oder bi-elastische Stoffe
verarbeiten)

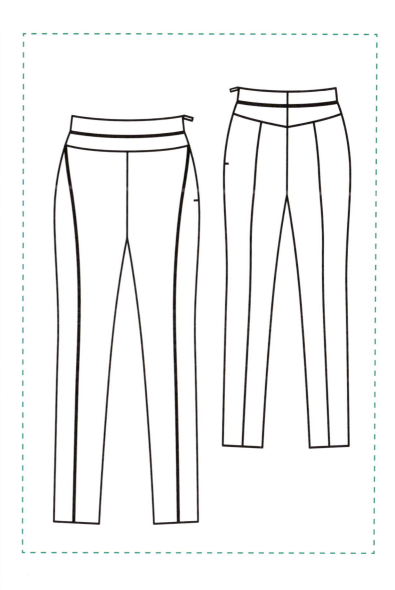

TORERO-HOSE

Wenn es einen Beruf gibt, der neben Diktator definitiv abgeschafft werden sollte, dann ist es, für mein Dafürhalten, der des Toreros! Was allerdings nicht für die Hose gilt, die seinen Namen trägt. Eine hübsche Variante, die so gar nicht mit dem Beruf des selbigen in Verbindung zu bringen ist.

Diese hoch geschnittene Hose mit hohem Bund verlängert auf magische Weise die Beine. Wer nicht gerade über eine Beinlänge verfügt, wie sie gern von den Supermodels übereinandergeschlagen wird, für den könnte der Hosenschnitt interessant sein. Er erfreute sich übrigens bereits in den 1980er-Jahren großer Beliebtheit.

Wer leichte Problemzonen am Bauch kaschieren möchte oder wer es leid ist, ständig die Hose hochzuziehen, wenn er mal in die Hocke geht, für den sind High-Waister ideal geeignet. Wenn Sie eher groß geraten sind, dann können lange Beine mit diesem Modell noch länger wirken. Die Kleineren sollten beachten, dass ein Schuh mit kleinem Absatz dieser Hose sehr entgegenkommt, damit wirken sie größer. Frauen und Mädchen mit kräftigen Oberschenkeln sollten eher eine gerade Form wählen, es ist nicht schwierig, den Schnitt anzupassen. Ich bin mir sicher, Sie werden dieses Modell lieben – und vermutlich nicht nur Sie …

PAPIERSCHNITT

Schnitt vom Bogen pausen. Schnittteile gemäß Zuschneideplan auf den Stoff stecken.

Schwarzer Schnitt, Bogen A
Schnittteile 1 bis 8

Gr. 34 ◇◇◇◇◇◇◇◇◇◇◇◇
Gr. 36 – – – – – – – – –
Gr. 38 —— — —— —
Gr. 40 - - - - - - - - - - - - - -
Gr. 42 ——————————

NAHT- UND SAUMZUGABEN

Für Nähte und Kanten 1,5 cm, für den Saum 4 cm zugeben.

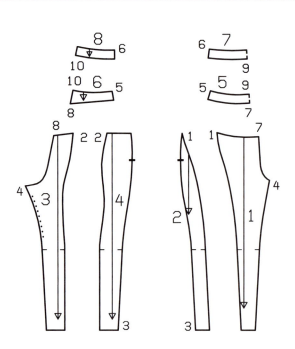

TORERO-HOSE

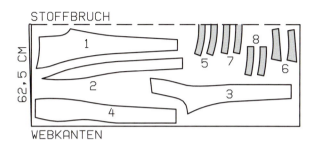

ZUSCHNEIDEN (JACQUARD, 125 CM BREIT)

2x	Mittleres vorderes Hosenteil	**1**
2x	Seitliches vorderes Hosenteil	**2**
2x	Mittleres rückwärtiges Hosenteil	**3**
2x	Seitliches rückwärtiges Hosenteil	**4**
2x	Untere vordere Passe im Stoffbruch	**5**
4x	Untere rückwärtige Passe	**6**
2x	Obere vordere Passe im Stoffbruch	**7**
4x	Obere rückwärtige Passe	**8**

Zuschnitt bei doppelter Stofflage, rechte Seite innen.

Einlage siehe Graufläche im Zuschneideplan.
Vlieseline Formband auf die Reißverschlussschlitz-
kanten bügeln.

Wichtig

Bei dehnbaren Stoffen die Nähte mit einem elastischen Spezialstich oder mit schmal eingestelltem Zickzackstich steppen (siehe auch Jersey verarbeiten,
Seite 216).

1 Rückwärtige Teilungsnähte schließen

An den rückwärtigen Hosenteilen die Teilungsnähte steppen (Nahtzahl 2). Nahtzugaben auseinanderbügeln.

2 Paspelband an vordere Teile heften und vordere Teilungsnähte schließen

Paspelband entlang der Teilungsnahtlinien so auf die
mittleren vorderen Hosenteile stecken, dass der Paspelwulst im Teil und das angewebte Band auf der
Nahtzugabe liegt. Paspelband festheften. Seitliche
vordere Hosenteile an die mittleren vorderen Hosenteile steppen, das Paspelband wird zwischengefasst.
Nahtzugaben zur Mitte bügeln.

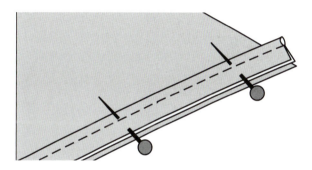

3 Seiten- und innere Beinnaht schließen

Zunächst die rechte Seitennaht und dann die
inneren Beinnähte steppen.

4 Vordere und rückwärtige Mitte schließen

Vordere und fortlaufend die rückwärtige Mittelnaht bis ca. 10 cm unterhalb der Passenansatzkante
steppen. Vorn die Nahtzugaben bis zur Schrittrundung
auseinanderbügeln.

5 Rechte Seite an unteren Passenteilen schließen

Rechte Seitennaht an den unteren äußeren Passenteilen steppen. Nahtzugaben auseinanderbügeln.

6 Untere Passenteile an Hose nähen

Äußere untere Passenteile an die oberen Hosenkanten steppen. Nahtzugaben in die Passenteile bügeln. Restliche rückwärtige Mittelnaht bis zur oberen Kante der unteren Passenteile steppen. Nahtzugaben von oben bis zum Beginn der Schrittrundung auseinanderbügeln.

7 Paspelband auf untere Passe heften

Paspelband auf die obere Kante der unteren Passe heften, der Paspelwulst liegt im Teil, das angewebte Band liegt auf der Nahtzugabe.

8 Rechte Seite und Mitte an oberen Passenteilen schließen

An den äußeren oberen Passenteilen die rechte Seitennaht und die rückwärtige Mittelnaht steppen. Nahtzugaben auseinanderbügeln.

9 Obere Passe an untere nähen

Äußere obere Passe an die obere Kante der unteren Passe steppen, das Paspelband wird zwischengefasst. Nahtzugabe in die obere Passe bügeln.

10 Reißverschluss einnähen

An den linken Schlitzkanten und den äußeren Passenteilen den Nahtreißverschluss einnähen (siehe auch Nahtreißverschluss, verdeckt, Seite 183). Die Zähnchen beginnen an der markierten oberen Passenkante. Linke Seitennaht bis zum Reißverschluss steppen.

11 Rechte Seite an inneren Passenteilen schließen

An den oberen und unteren inneren Passenteilen die rechte Seitennaht (gegengleich zum äußeren Bund) und die rückwärtige Mittelnaht steppen. Obere innere Passe an die untere innere Passe steppen. Nahtzugaben auseinanderbügeln.

12 Innere Passe an äußere nähen

Innere Passe rechts auf rechts auf die angesteppte Passe legen, obere Kanten aufeinanderstecken. Am Reißverschlussschlitz die Enden der inneren Passe 5 mm vor der Schlitzkante zurückschlagen, an der oberen Kante feststecken. Die Schlitzzugaben der äußeren Passe nach außen legen und über der inneren Passe an der oberen Kante feststecken.

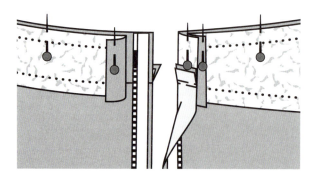

STOLA AUS WEBPELZ

Es gab eine Zeit, da wäre ein Leben ohne eine Stola undenkbar gewesen, keine Garderobe kam in den vergangenen Jahrhunderten ohne dieses so praktische Kleidungsstück aus. Im alten Rom wurde eine lange Stola von den Frauen als Überkleid getragen und war sicher ein beliebter und überaus praktischer Helfer. Eine Stola umhüllt und beschützt, sie spendet Wärme und verleiht der Trägerin immer etwas Geheimnisvolles. Klein an Stoffmenge, groß an Wirkung! In der katholischen Kirche ist sie übrigens Teil des liturgischen Gewands. Eine schöne Stola aus feinem Samt, aus Seide oder einem eleganten Jacquard hat bereits Generationen von Frauen gute Dienste erwiesen. Über einem Abendkleid getragen, hat sie schon mancher Trägerin den Weg zur Festivität komfortabler gestaltet. Schön und praktisch soll sie sein, und in unserem Fall hält sie darüber hinaus noch kuschelig warm. Eine Stola aus Webpelz! Dieses wunderschöne Material ist eine wirkliche Innovation, da es nicht nur täuschend echt an die Felle von Tieren erinnert, ohne den Kreaturen dabei Leid zuzufügen. Wer jemals erlebt hat, was Pelztiere ertragen müssen, bevor sie, in Stücke zerschnitten, an Menschen hängen, der sollte nicht überlegen müssen, um sich für diese Alternative zu entscheiden. Fell ist nur schön, wenn kein Blut und Elend an ihm klebt – und all das kann Webpelz!

Eine Stola aus Pelzimitat lässt sich auch auf vielfältige Weise kombinieren und ist chic und zudem sehr stylish. Der Schnitt ist so einfach wie raffiniert, die Stola kann lässig über den Schultern getragen oder mit einem Gürtel zu einer Weste werden. Sie können beide Seiten in Webpelz arbeiten, aber auch eine Wendevariante zusammen mit einem anderen Stoff ist hübsch und ermöglicht weitere Kombinationen. Beachten Sie aber, dass gerade bei größeren Größen und bei kleinen zarten Frauen, den Elfenmädchen, die beidseitige Webpelz-Variante etwas aufträgt.

Mit diesem Schnitt haben Sie eine gute Grundlage für vielfältige Veränderungsmöglichkeiten: Ethnomuster, Lederimitate, Wollstoffe, Fransen, Nieten und aufregende Gürtel machen aus dieser einfach zu nähenden Stola ein tolles Kleidungsstück.

Foto: © Sven Hedström. Original © burda style-Schnitt

STOLA AUS WEBPELZ

SCHWIERIGKEITSGRAD

Ein wahrer Blickfang für die Wintergarderobe: die Stola aus Webpelz. Durch Schlitze im Schulterbereich entsteht ein raffinierter
Trägereffekt – so rutscht die Stola nicht von der Schulter.

MATERIAL
Pelzimitat, 140 cm breit
Für Gr. 34–44: 1,00 m

Futter, 140 cm breit
Für Gr. 34–44: 0,80 m

ZUBEHÖR
1 Pelzhakenverschluss

GRÖSSEN
Gr. 34–44

STOFFEMPFEHLUNG
Pelzimitat

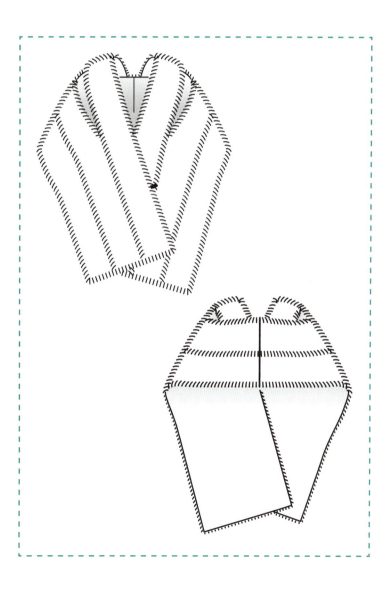

STOLA AUS WEBPELZ

SCHEMASCHNITT

Anhand der Schemazeichnungen originalgroße
Papierschnittteile herstellen.

Schemazeichnungen

Die Maßangaben sind in Zentimetern angegeben und
für Gr. 34–38 und 40–44 hintereinander durch
Gedankenstriche getrennt.

Für den Futterzuschnitt die Teile b und c aneinanderlegen.

NAHT- UND SAUMZUGABEN

Für Nähte und Kanten 1 cm zugeben.

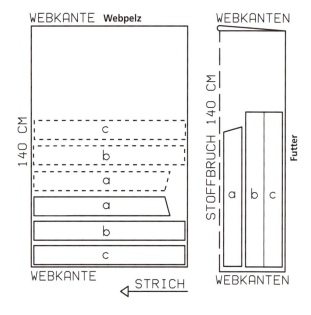

ZUSCHNEIDEN (PELZIMITAT 140 CM BREIT, FUTTER 140 CM BREIT):

2x Oberes Teil   **a**
2x Mittleres Teil   **b**
2x Unteres Teil   **c**

Futter: Teile b und c aneinandergelegt, Teil a.
Die Futterteile im Querfadenlauf zuschneiden.

Pelzimitat bei einfacher Stofflage zuschneiden, linke
Seite oben. Strichrichtung beachten! Die Futterteile
bei doppelter Stofflage zuschneiden, die rechte Seite
liegt innen.

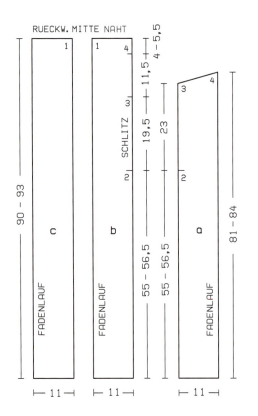

Tipp: Beim Steppen der Nähte die Pelzhaare ins Teil zurückschieben. Vorsicht beim Bügeln, am besten vorher an einem Stoffrest testen. Sonst die Nahtzugaben von Hand auseinanderstreichen, eventuell mit großen Stichen annähen (siehe auch Webpelz verarbeiten, Seite 218).

Futter von Nahtzahl 2 bis zur Ecke auf die oberen Teile steppen, dabei die Nahtzugaben der Teilungsnähte zurückschlagen. Futter jeweils von Nahtzahl 2 bis Nahtzahl 3 auf das mittlere Teil steppen, Nahtzugaben der Teilungsnähte zurückschlagen. Stola wenden. Futter an der Schmalseite der oberen Teile festheften.

1 Untere Teile mit mittleren verbinden

An den mittleren und unteren Teilen die Mittelnaht steppen, dabei die Pelzhaare stets in Richtung der Schnittteile streichen. Das untere Teil an das mittlere Teil steppen (Nahtzahl 1). Obere Teile jeweils unterhalb vom markierten Schlitz an das mittlere Teil steppen (Nahtzahl 2).

2 Futter nähen

An den Futterteilen die rückwärtige Mittelnaht steppen, obere Teile ansteppen.

3 Futter an die Stola nähen

Futter rechts auf rechts auf die Stola legen, an den Außenkanten feststecken und -steppen. Nahtzugaben an den Ecken schräg abschneiden. Dann das

4 Obere Teile mit mittlerem verbinden

Obere Teile mit der Schmalseite von Nahtzahl 3 bis Nahtzahl 4 an das mittlere Teil steppen, das Futter nicht mitfassen. Nahtzugaben dieser Ansatznähte und der dazwischenliegenden Kante in das mittlere Teil legen, Futter eingeschlagen von Hand gegennähen.

5 Verschluss anbringen

Für den asymmetrischen Verschluss die Öse ca. 25 cm vor dem rechten Ende der Stola an der oberen Kante annähen, den Haken ca. 35 cm vor dem linken Ende auf der oberen Teilungsnaht annähen.

Foto: © Peter Schreiber. Original © burda style-Schnitt

104

BLOUSON

SCHWIERIGKEITSGRAD

Der Blouson aus Wolljacquard mit weiten Kimonoärmeln und Druckknopfverschluss ist ein echtes Trend-Teil für den Herbst. Die Details wie Taschen und Bund können auch schon von Anfängern bewältigt werden, und die Druckknöpfe sind schnell befestigt.

STOFFVERBRAUCH
Wolljacquard, 150 cm breit
Für Gr. 36–44: 1,90 – 1,95 –
2,00 – 2,05 – 2,10 m

Futter, 140 cm breit
Für Gr. 36: 1,20 m
Für Gr. 38–40: 1,50 m
Für Gr. 42–44: 1,55 m

ZUBEHÖR
Vlieseline G 785

6 Nähfrei-Druckknöpfe

GRÖSSEN
Gr. 36–44

Rückwärtige Länge ca. 60 cm

STOFFEMPFEHLUNG
Jackenstoffe aus Wolle oder Mischgewebe mit etwas Stand

BLOUSON

PAPIERSCHNITT

Schnitt vom Bogen pausen. Teil 22 an der eingezeichneten Taschenbeutelansatzlinie auseinanderschneiden. Das untere Teil wird zum Zuschneiden des Oberstoffes nicht benötigt. Für den Futterzuschnitt die Teile wieder zusammenkleben.

Die Druckknopfmarkierungen in Teil 21 gelten für Gr. 36. Für Gr. 38–44 zunächst an der vorderen Kante die obere Markierung im gleichen Abstand zu Ausschnittkante und vorderen Kante einzeichnen wie bei Gr. 36. Die untere Markierung im gleichen Abstand zur vorderen Kante einzeichnen wie bei Gr. 36. Für die seitlichen Markierungen den Papierschnitt in der vorderen Mitte falten und die neu eingezeichneten Markierungen übertragen. Schnittteile gemäß Zuschneideplan auf den Stoff stecken. Teil a direkt auf den Stoff zeichnen.

Schwarzer Schnitt, Bogen D
Schnittteile 21 bis 27

Gr. 36
Gr. 38
Gr. 40
Gr. 42
Gr. 44

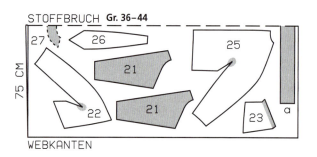

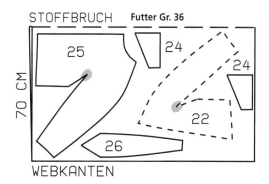

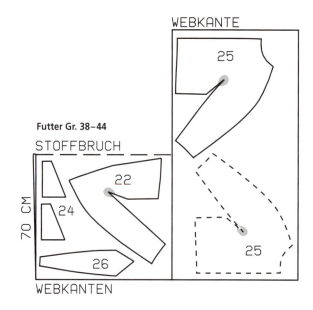

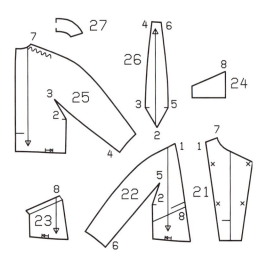

ZUSCHNEIDEN (WOLLJACQUARD, 150 CM BREIT, FUTTER, 140 CM BREIT)

Wolljacquard

2x	Mittleres Vorderteil	**21**
2x	als Besatz	**21**
2x	Seitliches Vorderteil mit Ärmel	**22**
2x	Unteres seitliches Vorderteil	**23**
2x	Rückenteil mit Ärmel	**25**
2x	Unteres Ärmelteil	**26**
1x	Rückwärtiger Besatz im Stoffbruch	**27**
1x	Saumbund	**a**

Futter

4x Taschenbeutel **24**

Für das Futter Teile 22 und 26, Teil 25 abzüglich Besatzbreite und an der rückwärtigen Mitte mit einer ca. 2 cm breiten Bewegungsfalte zuschneiden.

Bei doppelter Stofflage liegt die rechte Stoffseite innen, bei einfacher Stofflage liegt sie oben. Rechtes und linkes Futterrückenteil gegengleich zuschneiden. Einlage siehe Graufläche im Zuschneideplan.

Zuschnittmaße für a

Größe	36	38	40	42	44	Breite für alle Größen (cm)
	Länge (cm)					
a	107	112	117	121	127	13

NAHT- UND SAUMZUGABEN

Für Nähte und Kanten 1,5 cm, für die Ärmelsäume 4 cm zugeben. Futterteile mit 1,5 cm Naht- und Saumzugabe zuschneiden. Bei Teil a sind die Zugaben in den Maßen enthalten.

1 Taschen nähen

Je einen Taschenbeutel rechts auf rechts an die untere Kante der seitlichen Vorderteile steppen, Nahtzahl 8. Die Taschenbeutel nach unten bügeln, schmal neben der Naht auf den Nahtzugaben feststeppen. Restliche Taschenbeutel an die angeschnittenen Besätze der unteren seitlichen Vorderteile steppen. Taschenbeutel nach oben legen, schmal neben der Naht auf den Nahtzugaben feststeppen. Angeschnittene Besätze mit dem Futter nach innen legen, Tascheneingriffe bügeln. Eingriffkanten schmal und 7 mm breit absteppen. Tascheneingriffe, die Anstoßlinie treffend, auf die seitlichen Vorderteile legen und feststecken. Innen die unteren Taschenbeutelkanten aufeinandersteppen. An den unteren Vorderteilkanten die Falte in Pfeilrichtung einlegen und festheften. Seitliche Taschenbeutelkanten an den Teilungsnahtkanten und Seitennahtkanten festheften.

2 Vordere Teilungsnähte schließen

Vordere Teilungsnähte steppen, Nahtzahl 1. Nahtzugaben in die mittleren Teile bügeln. Diese entlang den Nähten schmal und 7 mm breit absteppen.

3 Rückenteil vorbereiten

Rückwärtige Mittelnaht steppen. Nahtzugaben auseinanderbügeln. Am Rückenteil die Falten in Pfeilrichtung einlegen und festheften.

4 Seiten- und untere Ärmelnähte schließen

Untere Ärmelteile jeweils vom Querstrich (Nahtzahl 2) bis zur spitzen Ecke (Nahtzahl 5) an die Vorderteile steppen.

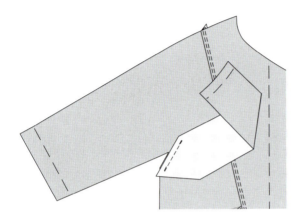

Die Nahtzugaben der Vorderteile vorsichtig an den Ecken einschneiden.

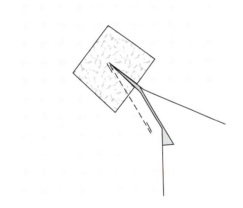

Untere Ärmelteile von der Ecke bis Nahtzahl 6 an die angeschnittenen vorderen Ärmel steppen. Nahtzugaben auseinanderbügeln. Seitennähte von unten bis zum Querstrich steppen, dabei die Nahtzugabe des Ärmelteils nicht mitfassen. Dann die Zugaben der

vorderen Ärmelansatznähte nach vorn legen, die unteren Ärmelteile von Nahtzahl 2 bis zur spitzen Ecke (Nahtzahl 3) an das Rückenteil steppen. Nahtzugaben des Rückenteils an der Ecke einschneiden. Untere Ärmelteile von der Ecke bis Nahtzahl 4 an die angeschnittenen rückwärtigen Ärmel steppen. Die Nahtzugaben sorgfältig auseinanderbügeln.

5 Schulter- und obere Ärmelnähte schließen

Schulter- und fortlaufend obere Ärmelnähte steppen, dabei das Rückenteil im Schulterbereich etwas einhalten. Am Besatz die Schulternähte steppen. Nahtzugaben auseinanderbügeln.

6 Ärmelsaum nähen

Ärmelsaumzugaben nach innen bügeln und 2,5 cm breit feststeppen.

7 Futter nähen

Am Futterrückenteil die Zugaben der Mittelnaht 1 cm breit aufeinandersteppen. Für die Bewegungsfalte entlang der rückwärtigen Mitte von oben und unten ca. 5 cm lang steppen, dazwischen heften. Falte nach einer Seite bügeln. An der unteren Futterkante die Falten in Pfeilrichtung einlegen und festheften. Futternähte steppen.

8 Futter in die Jacke einnähen

Das Futter rechts auf rechts an die Besatzinnenkante steppen. Nahtzugaben in das Futter bügeln. Besatz und Futter rechts auf rechts auf die Jacke stecken. Entlang der Vorderteilkanten und des Halsausschnitts steppen. Die Nahtzugaben zurückschneiden, an den Ecken schräg abschneiden. Besatz und Futter nach innen wenden. Futterärmel in die Jackenärmel ziehen. Besätze und Futter an der unteren Jackenkante festheften. Verstürzte Kanten bügeln. Vordere Kanten und Halsausschnitt absteppen. An den Ärmeln das Futter eingeschlagen auf den Saumzugaben annähen, die Mehrlänge nach unten legen, bügeln (siehe auch Jacke abfüttern, Seite 214).

9 Bund festnähen

Bund an die untere Jackenkante steppen. Nahtzugaben der Ansatznaht und der anderen langen Bundkante in den Bund bügeln. Bund längs falten, Enden zusteppen. Bund wenden, die Innenkante festheften. Bund ringsum schmal und 7 mm breit absteppen.

10 Druckknöpfe befestigen

Am rechten Vorderteil die Druckknopfoberteile wie eingezeichnet einnieten. Die Unterteile entsprechend am linken Vorderteil einnieten. An den Bundenden einen Druckknopf in 2 cm Abstand zur vorderen Schmalseite (Abstand zur unteren Kante 2,5 cm) einnieten, das Oberteil rechts, das Unterteil links. Je einen weiteren daneben einnieten, Abstand zur Schmalseite Gr. 36: 10 cm, Gr. 38: 11 cm, Gr. 40: 12 cm, Gr. 42: 13 cm, Gr. 44: 14 cm.

Foto: © Nikol Bartzoka. Original © burda style-Schnitt

110

KASTENJACKE

SCHWIERIGKEITSGRAD ▦ ▦ ▢

Ein Must-have für alle, die auch an sommerlich-warmen Tagen nicht auf klassische Business-Kleidung verzichten wollen: Der locker geschnittene Blazer mit einseitigen Paspeltaschen trägt sich leichter ohne Futter, er wird innen mit Schrägband versäubert.

STOFFVERBRAUCH
Double-Krepp, 145 cm breit
Für Gr. 36–44: 1,70 m

ZUBEHÖR
Vlieseline G 785

Vlieseline Formband

Baumwollschrägband,
vorgefalzt 2 cm breit: 12,00 m

2 Knöpfe

GRÖSSEN
Gr. 36–44

Rückwärtige Länge ca. 60 cm

Dreiviertelärmel ca. 54 cm lang

STOFFEMPFEHLUNG
Leichte Jackenstoffe mit etwas
Stand

KASTENJACKE

Dieser Jackenschnitt steht gewissermaßen kurz vor der Rente, denn er feiert schon bald seinen 65. Geburtstag! Der Klassiker wurde ursprünglich von Coco Chanel entworfen, die damit den Frauen eine neue Silhouette geschenkt hat. Doch an Rente ist verständlicherweise nicht zu denken, da die kleine Jacke in den letzten sechs Jahrzehnten nichts von ihrem Chic eingebüßt hat.

Die kurze, gerade geschnittene Jacke in perfekter Passform hat die traditionellen Paspeltaschen und eine einfache, aber schöne Innenverarbeitung mit Schrägband. Eine ungefütterte Jacke hat den Vorteil, das Gewebe auf dem Körper spüren zu können, unerlässlich ist daher eine sorgfältige Stoffwahl. Das Originalmodell ist aus Bouclé, so wie er auch heute noch von Chanel verarbeitet wird. Die grobe Struktur und die ihm eigene Farbgebung machen dieses Material exklusiv und lässig zugleich. Der geringe Stoffverbrauch ist zudem kostensparend, und auch der Arbeitsaufwand hält sich in Grenzen – beste Voraussetzungen also, um sich die eine oder andere Kastenjacke zu nähen.

PAPIERSCHNITT

Schnitt vom Bogen pausen. Vorderen Besatz von Teil 1 extra abpausen.

Schnittteile gemäß Zuschneideplan auf den Stoff stecken, Teile a bis c direkt auf den Stoff zeichnen.

Blauer Schnitt, Bogen C
Schnittteile 1 bis 7

Gr. 36 ∘—∘—∘—∘—∘—∘—∘—
Gr. 38 – – – – – – – – –
Gr. 40 ——— — ——— —
Gr. 42 - - - - - - - - - - - - - -
Gr. 44 —————————

NAHT- UND SAUMZUGABEN

Für Nähte und Kanten 1,5 cm, für den Saum 4 cm. Bei den Teilen a bis c sind die Zugaben in den Maßen enthalten.

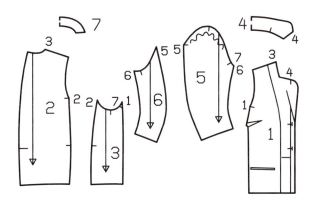

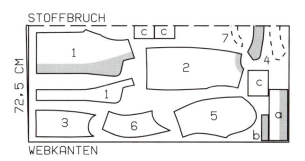

ZUSCHNEIDEN (DOUBLE-KREPP, 145 CM BREIT)

2x	Vorderteil	**1**
2x	Vorderer Besatz	**1**
2x	Rückenteil	**2**
2x	Seitenteil	**3**
2x	Kragen im Stoffbruch	**4**
2x	Oberärmel	**5**
2x	Unterärmel	**6**
1x	Rückwärtiger Besatz im Stoffbruch	**7**
2x	Ärmelblende	**a**
2x	Paspelstreifen	**b**
4x	Taschenbeutel	**c**

Zuschnitt bei doppelter Stofflage, rechte Seite liegt innen.

Einlage siehe Graufläche im Zuschneideplan, auch die Saumzugaben verstärken. Zusätzlich 4 cm breite Einlagestreifen an den Taschenlinien aufbügeln. Vlieseline Formband auf die Armausschnittkanten bügeln.

Zuschnittmaße für a bis c

Größe	36	38	40	42	44	Breite für alle Größen (cm)
	Länge (cm)					
a	29,5	30	30,5	31	31,5	12
b	16					4,5
c	13					16

KASTENJACKE

1 Nähte am Vorderteil schließen und einfassen

An den Vorderteilen die Brustabnäher steppen, nach unten bügeln. Vordere Teilungsnähte steppen (Nahtzahl 1). Nahtzugaben auseinanderbügeln. Schrägband längs so falten und bügeln, dass die untere Bandhälfte 2 mm breiter ist als die obere Hälfte. Schrägband um die Nahtzugabenkanten herumlegen und feststeppen (siehe auch Nahtkanten einfassen, Seite 178).

2 Einseitige Paspeltaschen nähen

Jeweils in 7 mm Abstand zur Paspelansatzlinie (fertige Paspelbreite) eine Anstoßlinie für die Paspel markieren. Die Paspelstreifen längs falten, rechte Seite außen, und bügeln. Die doppelten Paspelstreifen so über der Paspelansatzlinie aufheften, dass die Bruchkante der Paspel an die Anstoßlinie trifft, die offenen Längskanten liegen über den Taschenlinien (dabei die Nahtzugaben der Teilungsnaht nicht mitfassen). Paspel entlang der Paspelansatzlinie feststeppen. Offene Paspelkanten nach unten falten und feststecken. Je einen Taschenbeutel entlang der Taschenbeutelansatzlinie feststeppen. Zwischen den Nähten einschneiden, zu den Nahtenden schräg einschneiden, Paspelstreifen und Taschenbeutel nicht mitfassen. Paspel in den Eingriff legen und bügeln, Taschenbeutel nach innen ziehen. Die restlichen Taschenbeutel an die Nahtzugaben der Paspelansatznähte steppen. Die kleinen Dreiecke an den Einschnittenden nach innen ziehen und von Nahtende bis Nahtende auf Paspel und Taschenbeutel steppen. Taschenbeutel gleich groß schneiden und aufeinandersteppen, die untere Kante 1 cm oberhalb der markierten Saumlinie des Vorderteils aufeinandersteppen. Untere Taschen-

beutelkanten in Höhe der Saumlinie abschneiden. Seitliche und obere Taschenbeutelkanten mit Schrägband einfassen. Untere Taschenbeutelkanten an den Vorderteilen unterheften.

3 Nähte am Vorderteil schließen und einfassen

Rückwärtige Mittelnaht und rückwärtige Teilungsnähte (Nahtzahl 2) steppen. Schulternähte steppen. Nahtzugaben auseinanderbügeln und mit Schrägband einfassen. Am Besatz die Schulternähte steppen. Besatzinnenkante mit Schrägband einfassen.

4 Reverskragen nähen

Besatz rechts auf rechts auf die Jacke stecken. An den Reversecken etwas Weite anschieben. Besatz entlang der vorderen Kanten und der Reverskanten bis zum Querstrich aufsteppen. Nahtzugaben zurückschneiden. Besatz vorerst rechts auf rechts auf der Jacke liegen lassen. Kragenteile an den Außenkanten aufeinandersteppen, dabei am Oberkragen etwas Weite anschieben, an den Schmalseiten genau an der

Nahtlinie der Ansatzkante beginnen und enden. Kragen wenden, bügeln. Kragen zwischen Jacke und Besatz legen. Den Unterkragen jeweils vom Querstrich

(Nahtzahl 4) bis zur Ecke an den Jackenausschnitt steppen. An den Ecken die Nahtzugaben der Vorderteile einschneiden. Die Längskante des Unterkragens an den Jackenausschnitt steppen. Den Oberkragen an den Besatz steppen, an den Ecken die Nahtzugabe des Besatzes einschneiden. Nahtzugaben der Kragenansatznähte auseinanderbügeln. Besatz nach innen wenden, Kanten bügeln. Kragenansatznähte genau aufeinanderstecken. Rückwärtigen Besatz nach oben legen und die Nahtzugaben dicht neben der Kragenansatznaht aufeinandersteppen. Besatz nach unten legen, an der rückwärtigen Mittelnaht und den Schulternähten annähen.

5 Ärmel mit Blendenabschluss nähen

Ärmelnähte steppen. Nahtzugaben versäubern und auseinanderbügeln. An den Ärmelblenden die Schmalseiten aneinandersteppen. Blenden an die unteren Ärmelkanten steppen, die Nähte treffen auf die vorderen Ärmelnähte. Blenden zur Hälfte nach innen wenden und bügeln. Blendeninnenkanten eingeschlagen auf den Ansatznähten annähen.

6 Ärmel einsetzen

Ärmel eingehalten einsetzen. Nahtzugaben auf 1 cm Breite zurückschneiden und dann sorgfältig mit Schrägband einfassen.

7 Saum mit Einfassung nähen

Am Saum die vorderen Besätze noch einmal flach hinlegen. Saumzugabe nach innen bügeln. Kante der Saumzugabe mit Schrägband einfassen. Saumzugabe von Hand locker annähen, im Bereich der Taschen nur den oben liegenden Taschenbeutel erfassen. Besätze wieder nach innen wenden, dann auf der Saumzugabe annähen.

8 Knopflöcher nähen

Am rechten Vorderteil wie eingezeichnet Knopflöcher nähen. Knöpfe dazu passend am linken Vorderteil annähen.

Foto: © Adriano Brusaferri. Original © burda style-Schnitt

HERRENHEMD

SCHWIERIGKEITSGRAD ■ ■ ☐

Das sommerlich-leichte Herrenhemd in klassischem Schnitt sollte am besten aus Baumwollstoff oder Leinen genäht werden. Hier sorgt der gestreifte Stoff für legeren Chic im Marine-Stil. Nehmen Sie sich Zeit für die attraktiven Verarbeitungsdetails!

STOFFVERBRAUCH
Baumwoll-Popeline, längs gestreift, 150 cm breit
Für Gr. 48–50: 1,85 m
Für Gr. 52: 1,90 m
Für Gr. 54–56: 1,95 m

ZUBEHÖR
Vlieseline G 700

14 Knöpfe

GRÖSSEN
Gr. 48–56

Rückwärtige Länge ca. 80 cm

STOFFEMPFEHLUNG
Hemdenstoffe

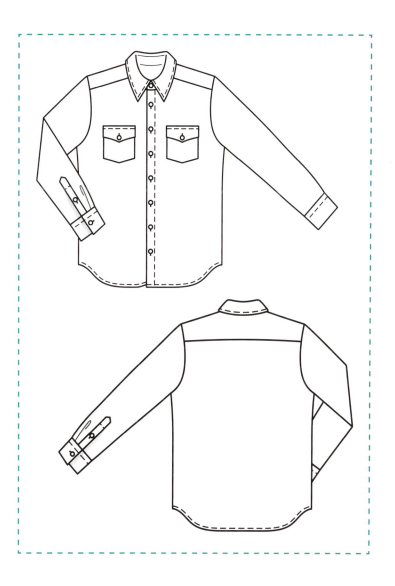

HERRENHEMD

PAPIERSCHNITT

Schnitt vom Bogen pausen. Die Knopflöcher in Teil 21 gelten für Gr. 48. Für Gr. 50–56 das obere Knopfloch im gleichen Abstand zur Ausschnittkante einzeichnen wie bei Gr. 48. Das untere Knopfloch ist für alle Größen an der gleichen Stelle. Dazwischen die Knopflöcher gleichmäßig verteilen. Schnittteile gemäß Zuschneideplan auf den Stoff stecken, Teile a und b direkt auf den Stoff zeichnen, sie enthalten bereits Zugaben.

Schwarzer Schnitt, Bogen C
Schnittteile 21 bis 29

H-Gr. 48 ·−·−·−·−·−·−
H-Gr. 50 −−− −−− −−−
H-Gr. 52 − − − − − − −
H-Gr. 54 −−− −−− −−−
H-Gr. 56 ∿∿∿∿∿∿∿∿

NAHT- UND SAUMZUGABEN

Für Nähte und Kanten 1,5 cm, für den Saum 2 cm, für die oberen Taschenkanten 4 cm, für die Ärmelschlitzblenden 1 cm zugeben. Keine Zugabe an der Längskante des angeschnittenen Vorderteilbesatzes.

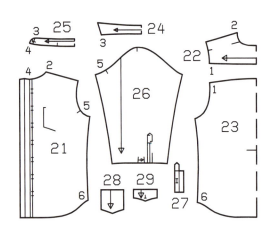

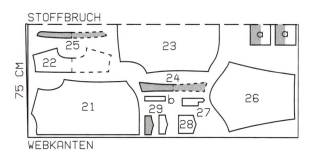

ZUSCHNEIDEN (POPELINE, 150 CM BREIT)

2x	Vorderteil	**21**
2x	Passe im Stoffbruch	**22**
1x	Rückenteil im Stoffbruch	**23**
2x	Kragen im Stoffbruch	**24**
2x	Kragensteg im Stoffbruch	**25**
2x	Ärmel	**26**
2x	Ärmelschlitzblende	**27**
2x	Tasche	**28**
4x	Klappe	**29**
2x	Manschette	**a**
2x	Einfassstreifen/ Ärmelschlitz	**b**

Zuschnitt bei doppelter Stofflage, rechte Seite innen. Einlage siehe Graufläche im Zuschneideplan.

Zuschnittmaße für a und b

Größe	48	50	52	54	56	Breite für alle Größen (cm)
	Länge (cm)					
a	29,5	30	30,5	31	31,5	17
b	16					3

1 Passe an Vorder- und Rückenteil nähen

Eine Passe von außen, die zweite Passe von innen an die obere Kante des Rückenteils stecken. Passen anshteppen, nach oben bügeln. Äußere Passe an die obere Kante der Vorderteile steppen. Nahtzugaben in die Passe bügeln. Innere Passe eingeschlagen auf den Ansatznähten festheften. Passe an den Ansatznähten schmal absteppen. Offene Passenkanten aufeinanderheften.

2 Taschen aufsetzen

An den oberen Taschenkanten die Zugabe nach innen bügeln, einschlagen und 3 cm breit feststeppen. An den seitlichen und unteren Kanten die Zugaben nach innen bügeln. Taschen, die Anstoßlinie treffend, auf die Vorderteile legen. Taschenkanten schmal feststeppen. An den oberen Taschenecken zur Verstärkung kleine Dreiecke steppen (siehe auch Aufgesetzte Taschen, Seite 206).

3 Taschenklappen nähen

Je ein verstärktes und unverstärktes Klappenteil an den Außenkanten rechts auf rechts aufeinandersteppen. Wenden. Klappen schmal absteppen. Je ein Knopfloch wie eingezeichnet einnähen. Die Klappen 1,5 cm oberhalb der Taschen aufsteppen, nach unten bügeln und entlang der Ansatznaht nochmals 5 mm breit feststeppen.

4 Ärmelschlitze nähen

Schlitze an den Ärmeln gegengleich arbeiten: An der Ärmelblende die Zugaben, mit Ausnahme der langen Ansatzkante und der unteren Kante, nach innen bügeln, dazu die Zugabe in die Ecke schräg einschneiden. Blende an der Umbruchlinie links auf links bügeln, wieder auffalten. Ärmel an der Einschnittlinie einschneiden. Einfassstreifen rechts auf rechts auf die rückwärtige Einschnittkante stecken und 7 mm breit feststeppen, dabei bis 7 mm oberhalb des Einschnittendes nähen. Ärmel ab Einschnittende schräg bis zum Nahtende einschneiden. Einfassstreifen um die Einschnittkante nach innen wenden, einschlagen und auf der Ansatznaht feststecken. Einfass von außen schmal absteppen. Äußere Blendenhälfte rechts auf rechts entlang der Ansatzlinie auf den Ärmel steppen. Vom Einschnittende aus den Ärmel 1 cm schräg nach oben zur Blendenansatznaht einschneiden. Das kleine Einschnittdreieck nach oben auf die rechte Ärmelseite falten, oberes Einfassende auf die rechte Ärmelseite legen. Blende über den Schlitz legen, oberes Ende feststecken. Innere Blendenhälfte an der Umbruchlinie nach innen falten, auf der Ansatznaht festheften. Blende entlang der Ansatznaht schmal absteppen. Oberes Blendenende schmalkantig aufsteppen, wie eingezeichnet quer über die Blende steppen (siehe auch Bündchen & Manschetten, Seite 192).

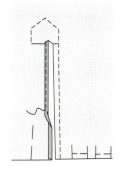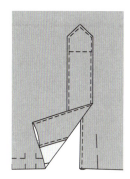

5 Falte unten am Ärmel einlegen

An den unteren Ärmelkanten die Falte einlegen und festheften.

6 Ärmel- und Seitennähte steppen

Die Ärmel an die Armausschnitte steppen. Vorderteile, Passe und Rückenteil entlang der Ärmelansatznähte schmal absteppen. Seitennähte und fortlaufend die Ärmelnähte steppen.

7 Saum nähen

Saumzugabe nach innen bügeln, einschlagen und feststeppen.

8 Besatz am Ausschnitt festnähen

Angeschnittene Vorderteilbesätze an der Umbruchlinie nach innen falten und bügeln. Die doppelten Besätze nach innen legen und bügeln, am Halsausschnitt festheften, an der Saumkante annähen. Besatzinnenkanten feststeppen.

9 Kragen mit Steg nähen

Kragenteile an den Außenkanten rechts auf rechts aufeinandersteppen. Nahtzugaben zurückschneiden. Kragen wenden, bügeln. Kragenkanten 7 mm breit absteppen. Die Stegteile rechts auf rechts aufeinanderlegen, dabei den Kragen zwischenfassen.

Entlang der vorderen und oberen Stegkanten steppen, vorn genau an der Nahtlinie der Ansatzkante beginnen und enden. Steg wenden. Äußeres Stegteil an den Halsausschnitt steppen. Nahtzugaben in den Steg bügeln. Inneres Stegteil einschlagen und über der Ansatznaht festheften. Steg ringsum schmal absteppen (siehe auch Blusenkragen mit Steg, Seite 198).

10 Manschetten festnähen

Manschetten an die unteren Ärmelkanten steppen. Nahtzugaben der Ansatznaht und der anderen langen Manschettenkante in die Manschetten bügeln. Manschetten längs falten, rechte Seite innen, die Enden zusteppen. Wenden. Innenkanten festheften. Manschetten an der Ansatznaht schmal und 1,2 cm breit absteppen.

11 Knopflöcher nähen

Knopflöcher am linken Vorderteil, links am Kragensteg und an den vorderen Manschettenenden einnähen. An den Ärmelschlitzblenden je ein Knopfloch einnähen. Knöpfe annähen.

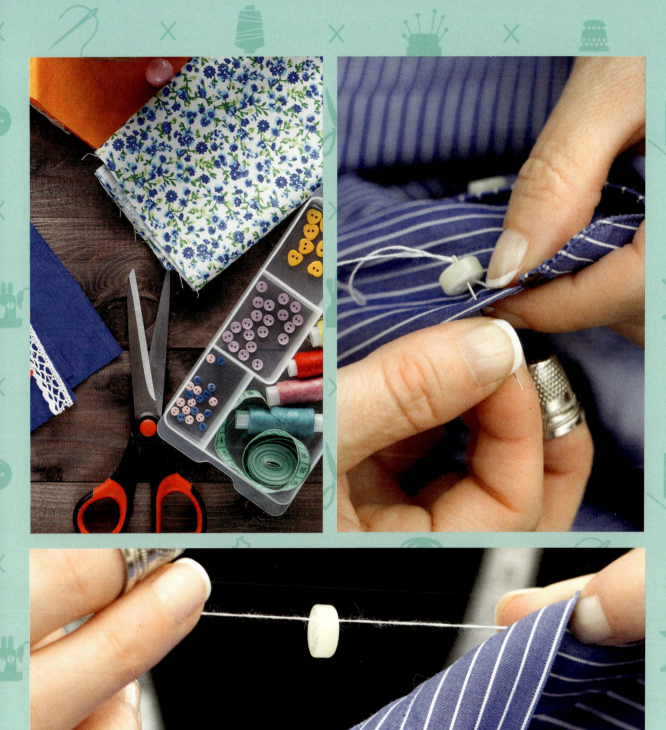

Foto: © Benedikt Müller. burda-style geprüfte Passform

BLUSE MIT STEHKRAGEN

Projekte

SCHWIERIGKEITSGRAD ■ ■ □

Die locker fallende Bluse hat einen kleinen Stehkragen, der den Hals umschmiegt. Abnäher sorgen für eine gute Passform und eine Quetschfalte für zusätzliche Weite im Rückenteil. Der Ärmel kommt ohne Bündchen aus, sein Saum wird einfach umgesteppt.

STOFFVERBRAUCH
Lavabel gemustert (Stoff I),
140 cm breit
Für Gr. 36–44: 1,50 m

Lavabel uni für die innere
Passe (Stoff II), 140 cm breit
Für Gr. 36–44: 0,50 m

ZUBEHÖR
Vlieseline G 785

6 kleine Knöpfe

GRÖSSEN
Größe 36–44

Rückwärtige Länge ca. 69 cm

STOFFEMPFEHLUNG
Leichte Blusenstoffe

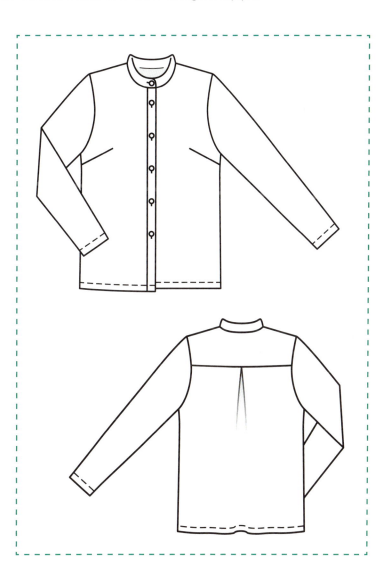

BLUSE MIT STEHKRAGEN

PAPIERSCHNITT

Schnitt vom Bogen pausen. Die Knopflöcher in Teil 2
gelten für Gr. 36, das untere Knopfloch gilt für alle
Größen. Für Gr. 38–44 das obere Knopfloch im
gleichen Abstand zur oberen Kante einzeichnen, die
restlichen Knopflöcher in gleichmäßigem Abstand einzeichnen. Schnittteile gemäß Zuschneideplan auf den
Stoff stecken.

Grüner Schnitt, Bogen B
Schnittteile 1 bis 6

Gr. 36 ⬦–⬦–⬦–⬦–⬦–⬦–⬦–⬦
Gr. 38 – – – – – – – – –
Gr. 40 ——— — — —
Gr. 42 --------------------
Gr. 44 ————————

NAHT- UND SAUMZUGABEN

Für Nähte und Kanten 1,5 cm, für Saum und Ärmelsäume 3 cm zugeben.

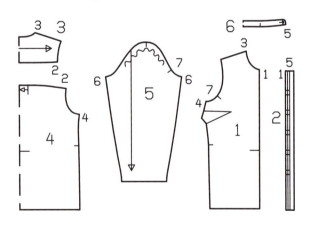

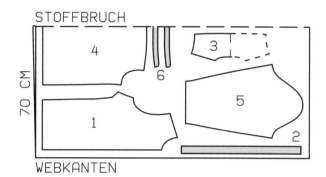

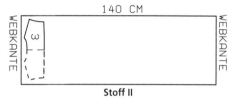

ZUSCHNEIDEN (LAVABEL 140 CM BREIT)

Stoff I

2x Vorderteil	**1**
2x Vordere Blende	**2**
1x Passe im Stoffbruch	**3**
1x Rückenteil im Stoffbruch	**4**
2x Ärmel	**5**
2x Stehkragen im Stoffbruch	**6**

Stoff II

1x Passe im Stoffbruch	**3**

Einlage siehe Graufläche im Zuschneideplan.
Stoff gemäß Zuschneideplan falten. Bei doppelter
Stofflage ist die rechte Seite innen, bei einfacher
Lage ist sie oben.

1 Abnäher schließen

Brustabnäher steppen und nach unten bügeln.

2 Verschlussblenden festnähen

Vordere Blenden rechts auf rechts auf die Vorderteile stecken, steppen. Zugaben zurückschneiden und in die Blenden bügeln. Die Zugabe der anderen langen Blendenkanten nach innen bügeln. Blenden an der Umbruchlinie nach innen wenden und auf die Ansatznaht heften. Bügeln. Blenden an der Ansatznaht schmal absteppen, dabei die Innenkante mitfassen.

3 Falten am Rückenteil einlegen

Am Rückenteil die Falten von der rechten Stoffseite aus in Pfeilrichtung legen, festheften.

4 Passe festnähen

Rückwärtige Passe aus dem Blusenstoff rechts auf rechts auf das Rückenteil stecken. Die unifarbene Passe mit der rechten Seite auf die linke Seite des Rückenteils stecken. Steppen.

Passen über die Ansatznaht bügeln, die linken Stoffseiten liegen aufeinander. An der unifarbenen Passe die Zugabe der Schulterkanten nach innen bügeln. Die äußere Passe rechts auf rechts auf die Schulterkanten der Vorderteile stecken. Steppen. Dann die Nahtzugaben in die Passe bügeln.

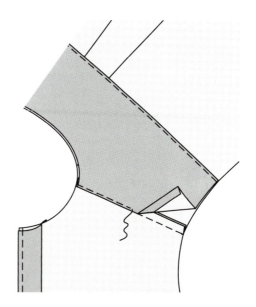

Die innere Passe an den Schulterkanten festheften. Von der rechten Blusenseite aus die Passe an den Ansatznähten schmal absteppen, dabei die innere Passe feststeppen.

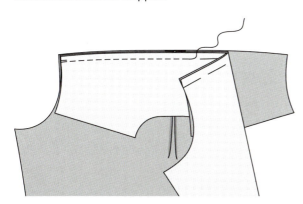

BLUSE MIT STEHKRAGEN

5 Stehkragen festnähen

Stehkragen rechts auf rechts auf den Halsausschnitt stecken, steppen. Zugaben zurückschneiden, einschneiden und in den Stehkragen bügeln. Am anderen Kragenteil die Zugabe der Ansatznaht nach innen umbügeln. Kragenteile rechts auf rechts aufeinanderstecken, Kanten aufeinanderstepen. Zugaben zurückschneiden, einschneiden. Kragen wenden. Innenkante auf die Ansatznaht heften. Bügeln. Kragenkanten und Ansatznaht schmal absteppen, dabei die Innenkante mitfassen.

6 Seitennähte schließen

Seitennähte steppen. Nahtzugaben auf 7 mm zurückschneiden, zusammengefasst versäubern und nach hinten bügeln.

7 Ärmel nähen

Ärmelnähte steppen. Nahtzugaben auf 7 mm zurückschneiden, zusammengefasst versäubern und nach hinten bügeln. Ärmelsaumzugabe nach innen bügeln, zur Hälfte einschlagen, feststecken und schmal feststeppen.

8 Ärmel einsetzen

Ärmel eingehalten einsetzen (siehe auch Seite 188).

9 Saum nähen

Saumzugabe nach innen bügeln, zur Hälfte einschlagen, feststecken und schmal feststeppen.

10 Knopflöcher nähen

Knopflöcher in die rechte Blende und den Stehkragen einnähen. Knöpfe in der vorderen Mitte auf den Stehkragen und die linke Blende nähen.

Foto: © Benedikt Müller. burda style-geprüfte Passform

128

ROCK MIT TASCHEN

SCHWIERIGKEITSGRAD

Dieser Rock punktet mit hübschen Details: einer Knopfleiste, zwei praktischen Taschen, und anstatt eines Abnähers hat er eine eingelegte Falte im Vorderteil. Im rückwärtigen Teil bringen Abnäher den Rock in Form, und ein verdeckter Schlitz erleichtert das Gehen.

STOFFVERBRAUCH
Gabardine, 140 cm breit
Für Gr. 36: 0,90 m
Für Gr. 38–40: 1,05 m
Für Gr. 42: 1,10 m
Für Gr. 44: 1,15 m

ZUBEHÖR
6 Knöpfe

GRÖSSEN
Gr. 36–44

Rocklänge 56 cm

STOFFEMPFEHLUNG
Rockstoffe mit etwas Stand

ROCK MIT TASCHEN

PAPIERSCHNITT

Schnitt vom Bogen pausen. Schnittteile gemäß
Zuschneideplan auf den Stoff stecken.

Schwarzer Schnitt, Bogen D
Schnittteile 1 bis 7

Gr. 36 ◇–◇–◇–◇–◇–◇
Gr. 38 – – – – – – – –
Gr. 40 ——— — ——— —
Gr. 42 - - - - - - - - - - - - - -
Gr. 44 ————————————

NAHT- UND SAUMZUGABEN

Für Nähte und Kanten 1,5 cm, für den Saum 4 cm zugeben.

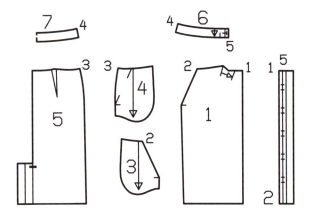

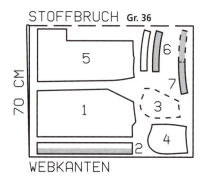

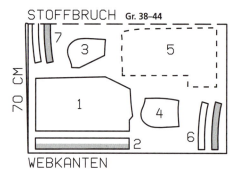

ZUSCHNEIDEN (GABARDINE, 140 CM BREIT)

2x	Vordere Rockbahn	**1**
2x	Vordere Blende	**2**
2x	Taschenbeutel	**3**
2x	Hüftpassenteil	**4**
2x	Rückwärtige Rockbahn	**5**
4x	Vorderer Bund	**6**
2x	Rückwärtiger Bund im Stoffbruch	**7**

Zuschnitt bei doppelter Stofflage, rechte Seite liegt
innen.

Einlage siehe Graufläche im Zuschneideplan.
Äußeren Bund und äußere Blendenhälften verstärken.

1 Abnäher schließen

Abnäher der rückwärtigen Rockbahnen steppen und zur rückwärtigen Mitte bügeln.

2 Taschen nähen

Taschenbeutel rechts auf rechts auf die Eingriffkanten der vorderen Rockbahnen steppen. Nahtzugaben zurückschneiden. Taschenbeutel nach innen wenden. Tascheneingriffe, die Anstoßlinien treffend, auf die Hüftpassenteile stecken. Innen die Taschenbeutel aufeinandersteppen. Taschenbeutel an der oberen und seitlichen Kante festheften.

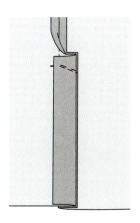

Rockbahn schräg verlaufend umbügeln. Am Schlitzuntertritt den Besatz umbügeln. Obere Kanten von Besatz und Untertritt aufeinandersteppen.

3 Falten festheften

Falte der vorderen Rockbahnen jeweils in Pfeilrichtung legen und festheften.

6 Seitennähte schließen

Die Seitennähte steppen. Zugaben sorgfältig auseinanderbügeln.

4 Rückwärtige Mitte schließen

Rückwärtige Mittelnaht von oben bis zum Schlitzzeichen steppen.

7 Saum nähen

Den Besatz der linken Rockbahn auflegen. Saum umbügeln und von Hand annähen. Besatz wieder nach innen legen und auf der Saumzugabe annähen.

5 Rückwärtigen Schlitz arbeiten

Nahtzugaben auseinanderbügeln, linken Schlitzbesatz nach innen umbügeln. Rechten Schlitzuntertritt in die linke rückwärtige Rockbahn legen und, um das Einschneiden zu vermeiden, oberhalb vom Schlitz die Nahtzugabe der rechten rückwärtigen

8 Blenden festnähen

Blendenhälften mit Einlage auf die vorderen Rockkanten steppen. Zugaben in die Blenden bügeln, die Zugabe der anderen langen Blendenkanten nach innen bügeln. Blenden an der Umbruchlinie nach außen wenden. Untere Kanten aufeinandersteppen. Ecken schräg zurückschneiden. Blenden nach innen wenden und auf die Ansatznähte stecken. Von der rechten Rockseite aus die langen Blendenkanten schmal absteppen, dabei die Innenkante feststeppen.

9 Bund festnähen

Seitennähte an den Bundteilen steppen. Äußeren Bund an die obere Rockkante steppen. Nahtzugaben der Ansatznaht in den Bund bügeln. Am inneren Bund die Zugabe der unteren Kante umbügeln. Inneren Bund rechts auf rechts auf den angesteppten äußeren Bund stecken. Vordere Kanten aufeinandersteppen. Nahtzugaben zurückschneiden. Bund wenden. Bundinnenkante auf der Ansatznaht festheften. Bund ringsum schmal absteppen. Am rechten Bundende und der rechten Blende die Knopflöcher nähen. Knöpfe annähen.

Foto: © Blasius Erlinger. Original © burda style-Schnitt

STEPPJACKE

Projekte

SCHWIERIGKEITSGRAD ■ ■ □

Die Männerjacke im Blouson-Stil wird ganz sicher zum Lieblings-stück. Stehkragen und Bündchen aus Rippenstrick, Reißverschluss und Eingrifftaschen sorgen für perfekten Tragekomfort. Und als Blickfang gibt es ein besonderes Schnittdetail: Zungenraglanärmel.

STOFFVERBRAUCH
Steppstoff mit Plüschabseite
140 cm breit
Für Gr. 48–50: 1,55 m
Für Gr. 52–54: 1,60 m

Rippenstrickstoff
100 cm breit
Für Gr. 48–54: 0,55 m

Futter, 140 cm breit
Für Gr. 48–54: 0,30 m

ZUBEHÖR
Elastische Tresse, 2,5 cm breit:
0,60 m

teilbarer Zwei-Wege-Metall-reißverschluss, Gr. 46–50:
65 cm, Gr. 52–54: 70 cm lang

GRÖSSEN
Gr. 48–54

Rückwärtige Länge ca. 72 cm

STOFFEMPFEHLUNG
Steppstoffe, für die Bündchen
Rippenstrickstoff

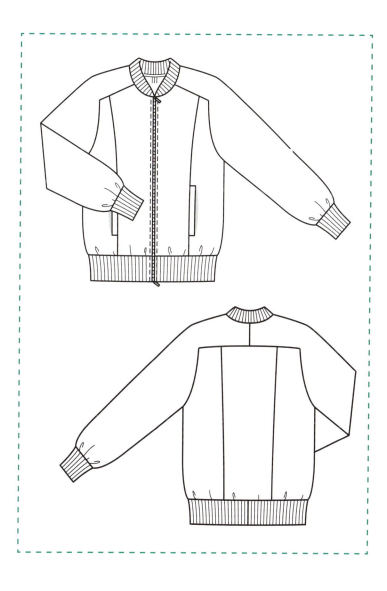

STEPPJACKE

PAPIERSCHNITT

Schnitt vom Bogen pausen.

Schnittteile gemäß Zuschneideplan auf den Stoff stecken, Teile a bis c direkt auf den Stoff zeichnen.

Blauer Schnitt, Bogen A

Schnittteile 1 bis 7

H-Gr. 46 ◇─◇─◇─◇─◇─◇
H-Gr. 48 ─ ─ ─ ─ ─ ─
H-Gr. 50 ─── ─ ─── ─
H-Gr. 52 - - - - - - - - -
H-Gr. 54 ───────────

NAHT- UND SAUMZUGABEN

Für Nähte und Kanten 1,5 cm zugeben. Bei den Teilen a bis c sind die Zugaben in den Maßen enthalten.

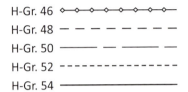

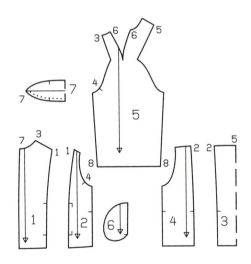

Zuschnittmaße für a bis c

Größe	46	48	50	52	54	Breite für alle Größen (cm)
	Länge (cm)					
a	21					7
b	49	51	53	55	57	19
c	20,5	21	21,5	22	22,5	19

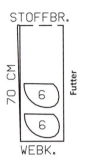

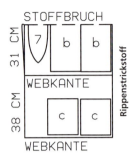

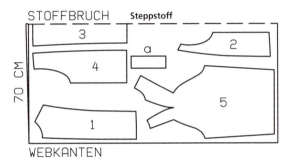

ZUSCHNEIDEN (STEPPSTOFF, 140 CM BREIT, RIPPEN-STRICKSTOFF, 100 CM BREIT, FUTTER, 140 CM BREIT)

Steppstoff

2x	Mittleres Vorderteil	**1**
2x	Seitliches Vorderteil	**2**
1x	Mittleres Rückenteil im Stoffbruch	**3**
2x	Seitliches Rückenteil	**4**
2x	Ärmel mit vorderer und rückwärtiger Passe	**5**
2x	Patte	**a**

Rippenstrickstoff

1x	Kragen im Stoffbruch	**7**
2x	Saumbund	**b**
2x	Ärmelbündchen	**c**

Futter

4x	Taschenbeutel	**6**

Einlage siehe Graufläche im Zuschneideplan.

1   Vordere Teilungsnähte schließen

Vordere Teilungsnähte steppen, Tascheneingriffe offen lassen. Nahtzugaben auseinanderbügeln.

2   Nahttaschen mit Patten nähen

Patten längs falten, rechte Stoffseite innen. Schmalseiten aufeinandersteppen. Patten wenden, bügeln. Patten zwischen den Querstrichen an den Tascheneingriff der mittleren Vorderteile steppen. Je einen Taschenbeutel über der Patte an den Tascheneingriff der mittleren Vorderteile steppen. Restliche Taschenbeutel an den Tascheneingriff der seitlichen Vorderteile steppen. Taschenbeutel nach vorn bügeln und aufeinandersteppen.

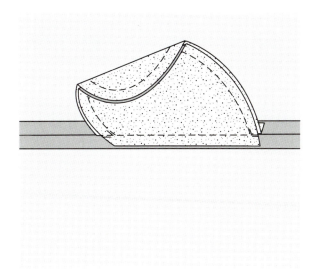

Patten auf die seitliche Vorderteile legen. Pattenschmalseiten schmal feststeppen.

3   Rückwärtige Teilungsnähte schließen

Rückwärtige Teilungsnähte steppen. Nahtzugaben auseinanderbügeln.

4   Mittel- und Schulternaht der Zungenraglanärmel schließen

An den angeschnittenen Passen der Ärmel die rückwärtige Mittelnaht steppen. An den Ärmeln die Schulternähte (Nahtzahl 6) als Abnäher auslaufend steppen. Nahtzugaben auseinanderbügeln, spitze Enden flach bügeln.

5   Raglanärmel einnähen

Vordere Passen an die Vorderteile steppen (Nahtzahl 3), fortlaufend die Ärmel an die vorderen Armausschnitte steppen, dazu die Nahtzugaben der Ärmel in die Ecke einschneiden. Rückwärtige Passe von Ecke bis Ecke an das Rückenteil steppen. Nahtzugabe an den Ecken einschneiden. Ärmel an die rückwärtigen Armausschnitte steppen. Die Zugaben der Passenansatznähte in die Passen bügeln. Die Zugaben der Ärmelansatznähte bis zum Beginn der Achselrundung in die Ärmel bügeln.

6   Seiten- und Ärmelnähte schließen

Die Seitennähte und fortlaufend die Ärmelnähte des Blousons steppen.

137

7 Kragen festnähen

Kragen an der Umbruchlinie falten, linke Seite innen. Die Ansatzkanten des Kragens zusammengefasst und leicht gedehnt ab Nahtzahl 7 an den Halsausschnitt steppen, die Nahtzugaben der vorderen Kanten stehen über. Elastische Tresse auf die Nahtzugaben der Kragenansatznaht legen und schmal neben der Naht auf den Nahtzugaben feststeppen. Nahtzugaben unter der Tresse auf 1 cm Breite zurückschneiden. Tresse um die Nahtzugaben herum legen und eingeschlagen von Hand annähen. Nahtzugaben nach unten legen, an den vorderen Kanten festheften.

8 Strickbund festnähen

Saumbundteile aufeinanderlegen und die rückwärtige Mittelnaht steppen (Nahtbreite 1,5 cm). Nahtzugaben auseinanderbügeln. Den Strickbund längs zur Hälfte falten. Bundkanten zusammengefasst und gedehnt an die untere Jackenkante steppen, fertige Bundbreite 8 cm. Nahtzugaben nach oben legen.

9 Reißverschluss kürzen

Für Gr. 46, 48, 52 und 54 muss der Reißverschluss der vorderen Kante entsprechend (vom Halsausschnitt bis zur unteren Bundkante) gekürzt werden (siehe auch Reißverschlüsse kürzen, Seite 182).

10 Reißverschluss festnähen

Den Reißverschluss teilen. Die Reißverschlusshälften mit der Oberseite nach unten so auf die vorderen Kanten der Vorderteile und des Bunds (rechte Stoffseite) legen, dass die Zähnchen neben der Nahtlinie im Teil liegen, das Band liegt auf der Nahtzugabe. Reißverschlussbänder entlang der markierten vorderen Kanten feststeppen. Die Reißverschlusszähnchen nach vorn, die Reißverschlussbänder mit den Nahtzugaben nach innen legen. Obere Bandenden um die Nahtzugabe herum einschlagen und festheften. Vordere Kanten 7 mm breit absteppen, dabei die Reißverschlussbänder mitfassen. (siehe auch Teilbarer Reißverschluss, Seite 180).

11 Ärmelbündchen festnähen

Die Schmalseiten der Ärmelbündchen zusammensteppen. Bündchenkanten zusammengefasst an die unteren Ärmelkanten steppen, dabei die Bündchen dehnen, die Bündchennaht trifft auf die untere Ärmelnaht. Nahtzugaben nach oben legen.

Foto: © Benjamin Schmidt · Original © burda style-Schnitt

140

HERRENHOSE

SCHWIERIGKEITSGRAD ■ ■ ◻

Die Männerhose mit geradem weitem Bein, Taillenbund und klassischen Bundfalten ist schon seit über 100 Jahren ein bewährtes Modell. Sie passt zum aktuellen Retro-Look, wenn man sie für den Sommer aus grobem Leinen und für den Winter aus Tweed näht.

STOFFVERBRAUCH
Leinen, 150 cm breit
Für Gr. 94–110: 2,25 – 2,30 – 2,35 – 2,40 – 2,45 m

ZUBEHÖR
Vlieseline G 785

Vlieseline G 700 (für den Bund)

Reißverschluss, 18 cm lang

3 Knöpfe

GRÖSSEN
Lange Herrengrößen: 94, 98, 102, 106, 110

Seitliche Hosenlänge mit Bund (von Größe zu Größe): 116 – 118 – 119 – 121 – 122 cm

Saumweite ca. 53 cm

STOFFEMPFEHLUNG
Hosenstoffe

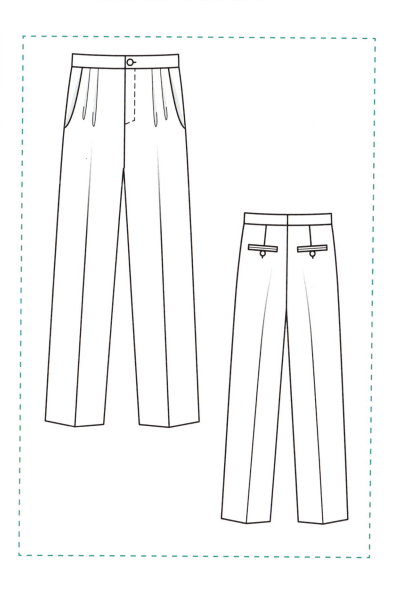

HERRENHOSE

PAPIERSCHNITT

Schnitt vom Bogen pausen. Teile 21 und 24 wie angegeben verlängern.

Die Stepplinie am Reißverschlussschlitz gilt für Gr. 94. Für Gr. 98–110 die Stepplinie im gleichen Abstand zur vorderen Mitte einzeichnen wie bei Gr. 94. Die Ansatzlinien für die Paspel in Teil 24 sind nur für Gr. 94 vollständig im Schnitt eingezeichnet. Für die restlichen Größen die Linien entsprechend ergänzen. Das Knopfloch in Teil 24 gilt für Gr. 94. Für die restlichen Größen das Knopfloch entsprechend neu einzeichnen. Schnittteile gemäß Zuschneideplan auf den Stoff stecken. Teile a bis c direkt auf den Stoff zeichnen.

Roter Schnitt, Bogen D
Schnittteile 21 bis 25

H-Gr. 94 ·–·–·–·–·–·
H-Gr. 98 —— —— ——
H-Gr. 102 — - – - — - –
H-Gr. 106 - - - —— - - -
H-Gr. 110 ⁓⁓⁓⁓⁓⁓

NAHT- UND SAUMZUGABEN

Für Nähte und Kanten 1,5 cm, für den Saum 4 cm zugeben. Bei den Teilen a bis c sind die Zugaben in den Maßen enthalten.

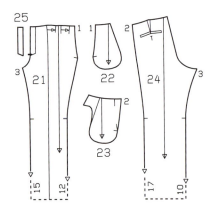

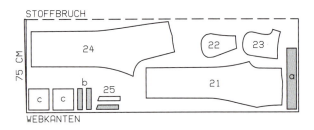

STOFFBRUCH

75 CM

WEBKANTEN

ZUSCHNEIDEN (BEI 150 CM STOFFBREITE)

2x	Vorderes Hosenteil	**21**
2x	Taschenbeutel	**22**
2x	Seitliche Hüftpasse mit angeschnittenem Taschenbeutel	**23**
2x	Rückwärtiges Hosenteil	**24**
1x	Linker Schlitzbesatz	**25**
2x	Rechter Schlitzuntertritt	**25**
2x	Bund	**a**
4x	Paspelstreifen für rückwärtige Taschen	**b**
4x	Taschenbeutel	**c**

Zuschnitt bei doppelter Stofflage, rechte Seite innen.

Einlage siehe Graufläche im Zuschneideplan. Einlage auf ein Untertrittteil bügeln. Über den Taschenmarkierungen der rückwärtigen Hosenteile ca. 4 cm breite Einlagestreifen von links aufbügeln.

Zuschnittmaße für a bis c

Größe	94	98	102	106	110	Breite für alle Größen (cm)
	Länge (cm)					
a	50	52	54	56	58	11
b	17					4
c	17					17

1 Bügelfalten fixieren

Vordere Hosenteile der Länge nach links auf links falten und die Bügelfalten einbügeln. An der oberen Hosenkante die Falten in Pfeilrichtung einlegen und festheften.

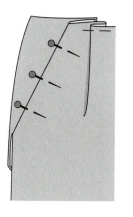
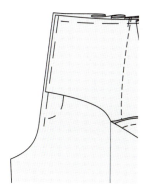

2 Hüftpassentaschen nähen

Taschenbeutel rechts auf rechts auf die Eingriffkanten der vorderen Hosenteile steppen (siehe auch Hüftpassentaschen, Seite 210).

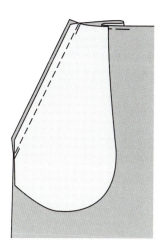

3 Rückwärtige Abnäher schließen

Die rückwärtigen Abnäher steppen und dann zur Mitte der Hose bügeln.

4 Paspeltaschen nähen

In je 7 mm Abstand zu den Paspelansatzlinien (fertige Paspelbreite) die Anstoßlinien für die Paspel mit Heftstichen auf der rechten Stoffseite markieren. Die Paspelstreifen längs falten, rechte Seite außen, und bügeln. Die doppelten Paspelstreifen so auf die rückwärtigen Hosenteile legen und feststecken, dass die Bruchkanten der Paspel an die Anstoßlinien treffen. Paspel jeweils 7 mm neben der Bruchkante auf die Ansatzlinien steppen. Zwischen den Nähten einschneiden, zu den Nahtenden schräg einschneiden, dabei die Paspelstreifen nicht mitfassen. Paspel in die Eingriffe legen und bügeln. Die kleinen Dreiecke an den Einschnittenden nach innen ziehen und von Nahtende bis Nahtende auf die Paspel steppen. Die Taschenbeutel an die Nahtzugaben der unteren

Taschenbeutel nach oben legen und schmal neben der Naht auf den Zugaben feststeppen. Taschenbeutel nach innen wenden. Tascheneingriffe, die Anstoßlinien treffend, auf die seitlichen Hüftpassen stecken. Innen die Taschenbeutel aufeinanderstepppen. Taschenbeutel an den vorderen Hosenteilen unterheften.

HERRENHOSE

Paspelansatznähte und an die Nahtzugaben der oberen Paspelansatznähte steppen. Je ein Knopfloch wie eingezeichnet einnähen. Die Taschenbeutel gleich groß schneiden und aufeinandersteppen.

5 Seiten- und innere Beinnähte schließen
Seitennähte und innere Beinnähte steppen. Nahtzugaben auseinanderbügeln. Vordere Mittelnaht vom Schlitzzeichen bis zur inneren Beinnaht steppen.

6 Reißverschluss einnähen
Den linken Schlitzbesatz für den Reißverschluss rechts auf rechts auf die linke Schlitzkante steppen. Besatz nach innen wenden, Kante bügeln. An der rechten Schlitzkante (Untertritt) die Zugabe 5 mm vor der vord. Mitte nach innen bügeln, den Reißverschluss schmal neben den Zähnchen untersteppen. Den Schlitz Mitte auf Mitte zustecken. Das lose Reißverschlussband auf den linken Besatz steppen, das Hosenteil nicht mitfassen. Besatz festheften. Den Schlitz von oben wie eingezeichnet längs absteppen. Die Schlitzuntertrittteile rechts auf rechts aufeinandersteppen, Ansatzkante offen lassen. Untertritt wenden, Kanten bügeln. Untertritt unter die rechte Schlitzkante legen, am Schlitzbesatz feststecken. Den Schlitzbesatz dicht neben der Reißverschlussansatznaht auf dem Untertritt feststeppen. Den Reißverschluss schließen. Bis zum Schlitzende absteppen, dabei den Untertritt mitfassen.

7 Bund festnähen
Rechten und linken Bund an die oberen Hosenkanten steppen. Rechts den Bunduntertritt an den Schlitzuntertritt steppen, links steht der Bund über. Nahtzugaben der Ansatznähte in die Bundteile bügeln. Rückwärtige Mittelnaht steppen, Bundenden zusammensteppen. Nahtzugaben von oben bis zum Beginn der Schrittrundung auseinanderbügeln. Im Schritt sollen die Nahtzugaben nicht flach gebügelt werden. An der anderen langen Bundkante die Nahtzugabe umbügeln. Bund der Länge nach rechts auf rechts falten, Bundenden aufeinandersteppen, links entlang der vorderen Mitte steppen. Bund wenden, Innenkante festheften. Am linken Bundende ein Knopfloch einnähen. Bundinnenkante von rechts in der Ansatznaht feststeppen.

8 Saum nähen
Saumzugaben nach innen bügeln und mit Saumstichen von Hand annähen.

9 Falten einbügeln
An den rückwärtigen Hosenteilen die Falten einbügeln. Vorn die Bügelfalten am Saum nachbügeln.

Foto: © George Malekakis. Original © burda style-Schnitt

146

PARKA MIT KAPUZE

SCHWIERIGKEITSGRAD ■ ■ ■

Wer bereits versiert ist im Nähen von Leistentaschen und Co., kann sich an diesen Parka mit hochwertiger Detailverarbeitung wagen. Voluminöser, maskuliner Schnitt trifft auf soften Duvetine. Zipper, Kordelstopper und Ösen dürfen natürlich nicht fehlen.

STOFFVERBRAUCH
Duvetine, 150 cm breit
Für Gr. 48–50: 3,35 m
Für Gr. 52: 3,40 m
Für Gr. 54: 3,45 m
Für Gr. 56: 3,50 m

Jersey (Futter), 150 cm breit
Für Gr. 48–56: 0,60 m

ZUBEHÖR
Vlieseline G 785

teilbarer Zwei-Wege-Reißverschluss, 100 cm lang

10 flache Knöpfe

Kordel, ca. 5 mm stark (von Größe zu Größe): 3,10 – 3,20 – 3,30 – 3,40 – 3,50 m

4 Kordelstopper

4 Ösen mit Scheiben, Durchmesser innen 8 mm

GRÖSSEN
Gr. 48–56

Rückwärtige Länge ca. 95 cm

STOFFEMPFEHLUNG
Jackenstoffe mit etwas Stand

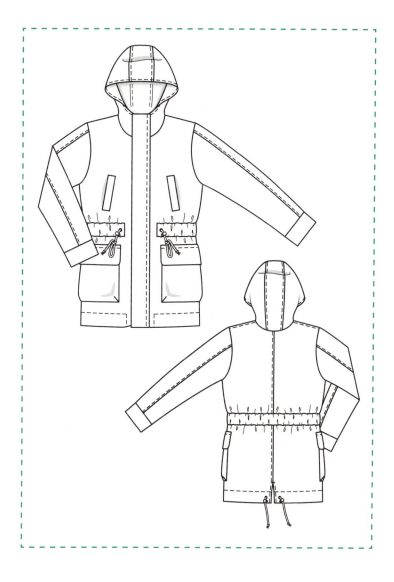

PARKA MIT KAPUZE

PAPIERSCHNITT

Schnitt vom Bogen pausen.

Stepplinie und Öse in Teil 1 und 2 gelten für Gr. 48. Für Gr. 50–56 die Stepplinie und die Öse den Größenlinien entsprechend versetzen. Die Taschenanstoßlinie in Teil 2 gilt für Gr. 48. Für die restlichen Größen die Linie entsprechend zur Seite versetzen. Die Knopflöcher in Teil 10 gelten für Gr. 48. Für die restlichen Größen das untere Knopfloch im gleichen Abstand zur unteren Kante einzeichnen wie bei Gr. 48. Die beiden oberen Knopflöcher sind für alle Größen an der gleichen Stelle. Dazwischen die Knopflöcher gleichmäßig verteilen. Das seitliche Knopfloch in Teil 9 gilt für Gr. 48. Für die restlichen Größen das seitliche Knopfloch den Größenlinien entsprechend versetzen.

Roter Schnitt, Bogen B
Teile 1 bis 13

H-Gr. 48 ◇—◇—◇—◇—◇—◇
H-Gr. 50 — – — – — – — –
H-Gr. 52 ——— — — — —
H-Gr. 54 - - - - - - - - - - - - -
H-Gr. 56 ————————

NAHT- UND SAUMZUGABEN

Für Nähte und Kanten 1,5 cm, für den Saum 8 cm zugeben. In den Zuschnittmaßen für a bis c sind die Nahtzugaben enthalten.

Zuschnitt bei doppelter Stofflage, rechte Seite innen. Bei Duvetine die Strichrichtung beachten!

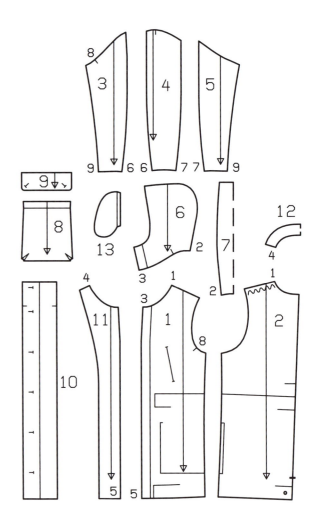

Zuschnittmaße für a bis c

Größe	48	50	52	54	56	Breite für alle Größen (cm)
	Länge (cm)					
a	18,5	19	19,5	20	20,5	7
b	115	119	123	127	132	9
c	35	35,5	36	36,5	37	15

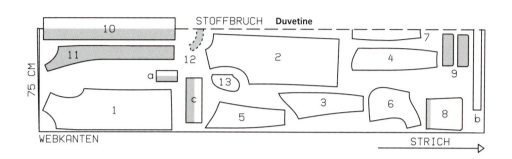

ZUSCHNEIDEN (DUVETINE, 150 CM BREIT, JERSEY, 150 CM BREIT)

Duvetine

2x	Vorderteil	**1**
2x	Rückenteil	**2**
2x	Vorderes Ärmelteil	**3**
2x	Mittleres Ärmelteil	**4**
2x	Rückwärtiges Ärmelteil	**5**
2x	Seitliches Kapuzenteil	**6**
1x	Mittleres Kapuzenteil im Stoffbruch	**7**
2x	Untere Tasche	**8**
4x	Untere Klappe	**9**
1x	Vordere Blende	**10**
2x	Vorderer Besatz	**11**
1x	Rückwärtiger Besatz im Stoffbruch	**12**
2x	Taschenbeutel	**13**
2x	Patten	**a**
1x	Durchzugblende	**b**
2x	Ärmelbündchen	**c**

Jersey (Futter)

2x	Seitliches Kapuzenteil	**6**
1x	Mittleres Kapuzenteil im Stoffbruch	**7**
2x	Taschenbeutel bis Futterlinie	**13**

Einlage siehe Graufläche im Zuschneideplan.

1 Pattentaschen nähen

Für die Pattentaschen an den Vorderteilen (obere Taschen): Patten längs falten, rechte Seite innen, Schmalseiten aufeinandersteppen.

Patten wenden. Patten schmal absteppen. Patten rechts auf rechts entlang der markierten Ansatzlinie auf die Vorderteile steppen, die Patten zeigen dabei nach vorn. Die größeren Taschenbeutel gegenüber den Patten auf die Vorderteile legen und in 1,5 cm Abstand zur Pattenansatznaht feststeppen. Darauf achten, dass diese Nähte an den Enden jeweils ca. 5 mm kürzer sind als die Pattenansatznähte. Zwischen beiden Nähten einschneiden, zu den Nahtenden schräg einschneiden. Beim Einschneiden dürfen die Taschenteile nicht mitgefasst werden. Taschenbeutel nach innen ziehen, Patten über den Eingriff bügeln. Die kleineren Taschenbeutel von innen an die Nahtzugaben der Pattenansatznähte steppen. Die kleinen Dreiecke an den Einschnittenden nach innen ziehen und auf den Taschenbeuteln festnähen. Die Taschenbeutel gleich groß schneiden und aufeinandersteppen. Die Schmalseiten der Patten schmal feststeppen.

2 Rückwärtige Mittelnaht mit Schlitz nähen

Rückwärtige Mittelnaht steppen, unten den Schlitz offen lassen. Nahtzugaben in das linke Rückenteil bügeln, Schlitzzugaben nach innen umbügeln. Dabei oberhalb vom Schlitz die Nahtzugabe des linken Rückenteils schräg verlaufend umbügeln, um das Einschneiden zu vermeiden. Linkes Rückenteil entlang der Naht 7 mm breit absteppen.

3 Schulter- und obere Ärmelnähte schließen

Schulternähte steppen. Rückenteil entlang der Nähte absteppen. Vordere und rückwärtige Ärmelteile an die mittleren Ärmelteile steppen. Mittlere Ärmelteile entlang der Nähte absteppen. Ärmelbündchen an die unteren Ärmelkanten steppen. Nahtzugaben in die Bündchen bügeln.

4 Ärmel festnähen

Ärmel an die Armausschnitte steppen. Nahtzugaben in die Vorderteile und das Rückenteil bügeln.

5 Seiten- und untere Ärmelnähte schließen

Seitennähte und fortlaufend Ärmel- und Bündchennähte steppen. Zugaben ausbügeln. Bündchen zur Hälfte nach innen falten, eingeschlagen auf der Ansatznaht festheften, von rechts schmal feststeppen.

6 Untere Taschen aufnähen

An den Taschen die Abnäher steppen, nach unten bügeln. Abnähernähte schmal absteppen. An den oberen Taschenkanten den angeschnittenen Besatz nach innen legen und 2 cm breit feststeppen. Restliche Taschenzugaben nach innen bügeln. Taschen, die Anstoßlinien treffend, schmalkantig auf die Jacke steppen (siehe auch Aufgesetzte Taschen, Seite 206).

7 Taschenklappen nähen

An den zwei Klappenteilen (Unterseiten) die Knopflöcher wie eingezeichnet einnähen. Je 2 Klappenteile (Oberseite und Unterseite) an den seitlichen und unteren Kanten rechts auf rechts aufeinandersteppen. Die Nahtzugaben zurückschneiden. Wenden. Klappen schmal absteppen. Klappen 4 cm oberhalb der Taschen aufsteppen, nach unten bügeln und entlang der Ansatznaht erneut 7 mm breit feststeppen.

8 Durchzugblende aufnähen

An der Durchzugblende die Zugaben nach innen bügeln. In 2 cm Abstand zu den Blendenenden je 1 Öse in der Mitte einnieten. Vorher zur Verstärkung kleine Einlagestücke unterbügeln. Blende, die Anstoßlinien treffend, auf die Vorderteile und das Rückenteil legen, die obere Blendenkante schmal feststeppen. Von der Kordel für Gr. 48; 1,45 m, Gr. 50: 1,50 m, Gr. 52: 1,55 m, Gr. 54: 1,60 m, Gr. 56: 1,65 m abschneiden. Kordel unter die Blende legen, Enden durch die Ösen nach außen ziehen. Blendenenden und untere Kante feststeppen.

9 Kapuze festnähen

Seitliche äußere Kapuzenteile an das mittlere äußere Kapuzenteil steppen. Mittleres Kapuzenteil entlang der Nähte absteppen. Äußere Kapuze an den Halsausschnitt steppen. Die Nahtzugaben auseinanderbügeln.

10 Reißverschluss kürzen

Für Gr. 48–52 den teilbaren Reißverschluss kürzen (siehe auch Seite 182), bei Gr. 48 auf 96 cm, Gr. 50 auf 97 cm, Gr. 52 auf 99 cm Länge.

11 Reißverschluss festnähen

Am Reißverschluss die oberen Bandenden einschlagen. Die Reißverschlusshälften mit der Oberseite nach unten so auf die vorderen Kanten der Vorderteile und der Kapuze legen (rechte Stoffseite), dass die Zähnchen neben der Nahtlinie im Teil liegen, das Band liegt auf der Nahtzugabe. Reißverschlussbänder entlang den markierten vorderen Kanten feststeppen (siehe auch Teilbarer Reißverschluss, Seite 180).

12 Futterkapuze festnähen

Am Besatz die Schulternähte steppen. An der Futterkapuze die Nähte steppen. Mittleres Teil entlang der Nähte absteppen. Futterkapuze an den Halsausschnitt des Besatzes steppen. An den vorderen Besätzen die Zugabe der unteren Kante abschneiden.

13 Besatz mit Kapuze festnähen

Besatz mit Kapuze rechts auf rechts auf die Jacke stecken. Entlang der vorderen Kanten (genau in der Ansatznaht des Reißverschlusses) und der Kapuzenausschnittkante steppen. Nahtzugaben zurückschneiden. Besatz nach innen wenden, Kapuze wenden. Kanten bügeln. Kapuzenansatznähte genau aufeinanderstecken. Besatz noch einmal nach oben legen und die Nahtzugaben so weit wie möglich dicht neben der Kapuzenansatznaht aufeinandersteppen. Besatz wieder nach unten legen.

14 Ösen anbringen

Ösen wie eingezeichnet am Rückenteil einnieten. Vorher zur Verstärkung kleine Einlagestücke unterbügeln. Saumzugaben nach innen legen, auf 6,5 cm Breite einschlagen und bügeln. Restliche Kordel in 2 gleich lange Teile schneiden. Je eine Kordel unter die Saumzugaben legen, das rückwärtige Ende durch die Öse nach außen ziehen, das vordere Ende 5 cm neben dem Reißverschluss und 3 cm oberhalb der Saumkante festheften. Saumzugaben festheften. Saumkanten wie eingezeichnet absteppen, das vordere Ende der Kordeln wird mitgefasst. Saumzugaben auf den vorderen Besätzen und an den rückwärtigen Schlitzkanten von Hand annähen. Besatzinnenkante auf den Nähten annähen. Rückwärtige Schlitzkanten 7 mm breit absteppen. Die vorderen Kanten und Kapuzenkanten 7 mm breit absteppen.

15 Verschlussblende nähen

Knopflöcher an der linken vorderen Blende wie eingezeichnet einnähen. Blende längs zur Hälfte falten, rechte Seite innen. Schmalseiten aufeinandersteppen. Blende wenden. Blendenkanten zusammengefasst entlang der Ansatzlinie auf das linke Vorderteil steppen, die Blende zeigt zur Seite. Nahtzugaben auf 7 mm Breite zurückschneiden. Blende über die Ansatznaht nach vorn bügeln, an der Naht 1 cm breit absteppen.

16 Kordel mit Stoppern sichern

Kordelstopper über die Kordelenden schieben, Enden verknoten.

Foto: © Sebastian Stiphout. Original © burda style-Schnitt

154

TRENCH-CAPE

SCHWIERIGKEITSGRAD ▪▪▪

Das Cape vereint zwei Klassiker in einem. Es hat aufwendige Trench-Details wie den Gabardine-Stoff, Schulterriegel und einen doppelreihigen Verschluss mit Hornknöpfen. Der Bindegürtel wird durch paspelierte Schlitze im Vorder- und Rückenteil gezogen.

STOFFVERBRAUCH
Baumwollköper, 150 cm breit
Für Gr. 140–164: 1,80 – 1,90 –
1,95 – 2,00 – 2,10 m

ZUBEHÖR
Vlieseline G 785

12 Knöpfe

1 flacher Innenknopf

GRÖSSEN
Gr. 140–164

Rückwärtige Länge (von Größe
zu Größe): 52 – 54 – 57 –
59 – 62 cm

STOFFEMPFEHLUNG
Stoffe mit etwas Stand

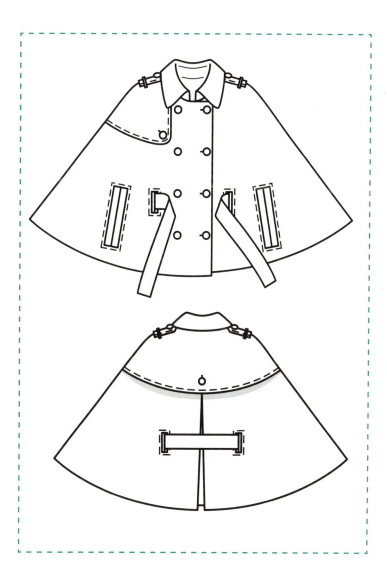

155

TRENCH-CAPE

PAPIERSCHNITT

Schnitt vom Bogen pausen. Besatz von Teil 1 extra abpausen.

Knopflöcher und Knopfmarkierungen in Teil 1 gelten für Gr. 140. Für Gr. 146–164 das obere Knopfloch im gleichen Abstand zur Ausschnittkante einzeichnen wie bei der Gr. 140. Das untere Knopfloch ist für alle Größen an der gleichen Stelle. Dazwischen die Knopflöcher gleichmäßig verteilen. Die Knopfmarkierungen entsprechend neu einzeichnen. Die Paspelansatzlinien (Durchgriff und Durchzugschlitze) in den Teilen 1 und 2 sind nur für Gr. 140 vollständig im Schnitt eingezeichnet. Für die restlichen Größen die Paspelansatzlinien ergänzen.

Grüner Schnitt, Bogen A
Schnittteile 1 bis 8

Gr. 140   ◇—◇—◇—◇—◇—◇
Gr. 146   — — — — —
Gr. 152   ——— — — —
Gr. 158   - - - - - - - - - -
Gr. 164   ————————

NAHT- UND SAUMZUGABEN

Für Nähte und Kanten 1,5 cm, für den Saum 3 cm (Saumzugaben seitlich einstellen).

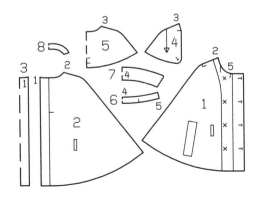

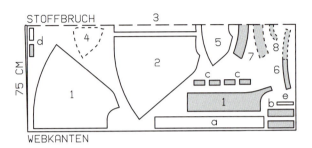

ZUSCHNEIDEN (BEI 150 CM STOFFBREITE)

2x	Vorderteil	**1**
2x	Vorderer Besatz	**1**
2x	Rückenteil	**2**
1x	Rückwärtiger Faltenboden im Stoffbruch	**3**
2x	Rechte vordere Passe	**4**
1x	Rückwärtige Passe im Stoffbruch	**5**
2x	Kragensteg im Stoffbruch	**6**
2x	Kragen im Stoffbruch	**7**
1x	Rückwärtiger Besatz im Stoffbruch	**8**
1x	Bindegürtel	**a**
4x	Paspelstreifen (Durchgriffe)	**b**
8x	Paspelstreifen (Durchzugschlitz)	**c**
4x	Riegelteile (Schulter)	**d**
2x	Schlaufen	**e**

Zuschnitt bei doppelter Stofflage, rechte Seite innen.
Einlage siehe Graufläche im Zuschneideplan.

Zuschnittmaße für a bis e (Zugaben enthalten)

Größe	140	146	152	158	164	Breite für alle Größen (cm)
	Länge (cm)					
a	154	156	158	160	162	11
b	22					8
c	8					4
d	7,5	8		8,5		6
e	12					2

1 Durchzugschlitze nähen

Für die Schlitze an den Vorder- und Rückenteilen jeweils in 7 mm Abstand (fertige Paspelbreite) zu den Paspelansatzlinien die Anstoßlinien für die Paspel markieren. Diese Hilfslinien mit Heftfaden zur rechten Stoffseite durchheften. Die Paspelstreifen längs falten, rechte Seite außen, und bügeln. Die doppelten Paspelstreifen so auf die Vorderteile heften, dass die Paspel mit der Bruchkante an die Anstoßlinien treffen, die offenen Kanten zeigen zueinander. Paspel entlang der Paspelansatzlinien feststeppen (siehe auch Paspelierte Schlitze, Seite 212).

Paspelstreifen nicht mitfassen. Paspel in die Einschnitte legen und bügeln. Bruchkanten der Paspel aneinanderlegen und mit Hexenstichen zusammenheften.

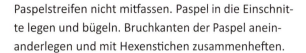

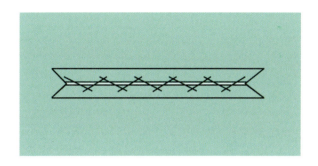

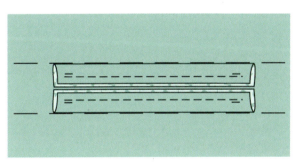

Zwischen den Nähten einschneiden, zu den Nahtenden schräg einschneiden.

Die kleinen Dreiecke an den Schlitzenden nach innen ziehen und von Nahtende bis Nahtende auf die Paspel steppen.

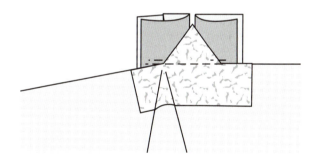

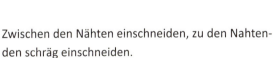

Vorderteile entlang der Paspelansatznähte 7 mm breit absteppen.

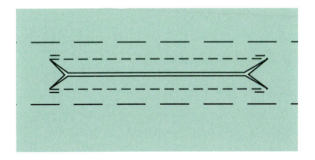

TRENCH-CAPE

2 Durchgriffe an den Vorderteilen nähen

Durchgriffe an den Vorderteilen wie die Durchzugschlitze nähen. Die Paspelanstoßlinien 2,5 cm neben den Paspelansatzlinien markieren.

3 Passe nähen und an das Vorderteil heften

Rechte vordere Passenteile rechts auf rechts aufeinanderlegen, entlang der vorderen und unteren Kante steppen. Zugaben zurückschneiden. Passe wenden. Verstürzte Kanten 5 mm breit absteppen. Knopfloch einnähen. Passe, die Anstoßlinie treffend, auf das rechte Vorderteil legen, an den Kanten festheften.

4 Rückwärtige Mittelnaht mit Falte nähen

Rückwärtige Mittelnaht von oben bis zum Querstrich steppen. Unterhalb des Querstrichs die Falte zuheften. Zugaben auseinanderbügeln. Faltenboden von innen auf die auseinandergebügelten Faltentiefen legen und Längskanten aufeinandersteppen, unten 10 cm offen lassen. Falte am Halsausschnitt festheften. Mittelnaht beidseitig 7 mm breit absteppen, zum unteren Nahtende schräg steppen.

5 Passe am Rückenteil festheften

An der rückwärtigen Passe die Zugabe der unteren Kante nach innen bügeln und eingeschlagen 5 mm breit feststeppen. An der Knopflochmarkierung ein mit Einlage verstärktes Stoffstück unterlegen. Knopfloch wie markiert nähen. Passe links auf rechts auf das Rückenteil legen, an den Kanten festheften.

6 Schulter- und Seitennähte schließen

Schulternähte und fortlaufend die Seitennähte steppen. Nahtzugaben auseinanderbügeln.

7 Schlaufen festnähen

An den Schlaufen die Längskanten je 5 mm breit umbügeln. Schlaufen zur Hälfte falten (linke Seite innen), die Kanten schmal aufeinandersteppen. In 2 Teile schneiden. Schlaufenenden einschlagen, fertige Länge 4 cm. Schlaufen 2 cm vor der markierten Riegelansatzlinie quer auf die Schulternähte legen, Enden feststeppen.

8 Schulterriegel nähen

Je ein verstärktes und ein unverstärktes Riegelteil rechts auf rechts aufeinanderlegen, ein Ende zur Spitze schneiden. Entlang der Längskanten und des spitzen Riegelendes steppen. Wenden. Kanten absteppen. An den spitzen Riegelenden ein Knopfloch einnähen. Riegel mit der Oberseite nach unten auf die Schulternähte legen, die Riegel zeigen dabei zur Seite. Offene Riegelenden wie eingezeichnet feststeppen.

9 Kragen nähen

Stegteile an die Kragenteile steppen. Zugaben zurückschneiden und auseinanderbügeln. Nähte beidseitig schmal absteppen. Kragenteile an den Außenkanten rechts auf rechts aufeinandersteppen. Zugaben zurückschneiden. Kragen wenden, bügeln. Kragenkanten zusammen an den Halsausschnitt heften.

10 Besatz festnähen

Schulternähte am Besatz steppen. An der Besatzinnenkante die Zugabe auf 7 mm Breite zurückschneiden, versäubern, nach innen bügeln und feststeppen. Besatz rechts auf rechts über dem Kragen auf die Vorderteile und das Rückenteil stecken. Entlang der vorderen Kanten und der Ausschnittkante steppen. Nahtzugaben zurückschneiden. Besatz nach innen wenden, Kanten bügeln.

11 Saum nähen

Am Saum die Besätze noch einmal nach vorn legen. Saumzugabe, auch am Faltenboden, nach innen bügeln, von Hand annähen. Besätze wieder nach innen legen, auf der Saumzugabe und den Nähten annähen. Restliche Faltennähte bis zur Saumkante steppen. Die unteren Enden der Nahtzugaben schräg gegeneinander einschlagen und zusammennähen.

12 Knopflöcher nähen

Knopflöcher am rechten Vorderteil einnähen. Am linken Vorderteil das obere Knopfloch für den Innenknopf einnähen. Die Knöpfe den Knopflöchern entsprechend und wie eingezeichnet annähen. Die Schulterriegel durch die Schulterschlaufen ziehen. Die Knöpfe den Knopflöchern entsprechend annähen.

13 Gürtel nähen

Bindegürtel längs falten, rechte Seite innen. Die Kanten aufeinandersteppen, ein Stück Naht zum Wenden offen lassen. Gürtel wenden. Öffnung zunähen.

Originalschnitt von
Guido Maria Kretschmer

Foto: © Benedikt Müller. burda style-geprüfte Passform

MANTEL

SCHWIERIGKEITSGRAD

Dieser Mantel hat das Potenzial, zum Klassiker zu werden. Das exklusive Modell ist ziemlich wandlungsfähig und sieht immer lässig-elegant aus – ganz gleich, ob man es mit einem schmalen Kleid oder einer trendigen Schlaghose kombiniert.

STOFFVERBRAUCH
Viskosekrepp, 140 cm breit
Für Gr. 36: 4,35 m
Für Gr. 38–40: 4,40 m
Für Gr. 42–44: 4,45 m

ZUBEHÖR
Rest aufbügelbare Einlage

Vorgefalztes Baumwollschräg-band zum Einfassen der Naht-zugaben, 2 cm breit: 17,50 m

GRÖSSEN
Gr. 36–44

Rückwärtige Länge ca. 100 cm

STOFFEMPFEHLUNG
Schwer fallende Mantelstoffe

„EIN MANTEL IST EIN BESCHÜTZER – ERSCHAFFEN MIT NADEL UND FADEN ...“

Wenn es ein Kleidungsstück gibt, das seinen Namen zu Recht trägt, dann ist es der Mantel! Der Begriff leitet sich aus dem lateinischen Wort „mantellum" ab, was so viel bedeutet wie Hülle – der Mantel ist also im besten Sinne ein Beschützer.
Ein Mantel ist ebenso aktuell wie unerlässlich in unserer Garderobe! Er ist ein wärmender und schützender Partner, er verbindet unser Oben mit dem Unten und hat durchaus einige praktische Aspekte, wie sie von kaum einem anderen Kleidungsstück geboten werden. Ein Mantel ist in den Sommermonaten in einem „Stand-by-Modus", er wartet geduldig auf seine Chance, im Herbst und vor allem im Winter wieder unter die Leute zu kommen.
Wer jemals einen Lieblingsmantel sein Eigen nennen konnte und die Vorzüge dieses Kleidungsstücks zu schätzen gelernt hat, der kann sich auf den von mir entworfenen Schnitt sehr freuen!
Wenn mein Mantelschnitt „Siggi" eines kann, dann ist es, ein verlässlicher Partner zu werden! Er trägt den Namen einer sehr lieben Freundin, früher hieß er einfach nur „Wickelmantel aus Kaschmir, Modellnummer 423 – mittellang".
Siggi ist eine sehr kluge und liebenswerte Frau, und obendrein hübsch und modebegeistert. Ich kenne keinen Menschen, der so unaufhaltsam durch die Welt fliegt und vermutlich genau das ist, was Flugunternehmen als Vielflieger bezeichnen. Viel heißt in ihrem Falle, dass es durchaus im Bereich des Möglichen liegt, sie am Montag in Berlin zu Mittag zu treffen, und dann wieder am Samstag, wenn ich immer noch in der Hauptstadt weile – währenddessen sie aber am Dienstag kurz in Nizza war, am Mittwoch in London und über Stuttgart am Donnerstag nach Nizza zurückgeflogen war, um am Freitag über Paris wieder in Berlin zu landen ... Sie kennt keine Flugangst, und ein Fluggerät bedeutet für sie einfach die Möglichkeit, von A nach B zu kommen – undenkbar für mich!
Vor einigen Jahren hatten wir uns für die Weihnachtstage zu einem Zusammensein verabredet, die ganze Familie sollte kommen, der zauberhafte Sohn aus New York, die liebe Tochter aus London und der Vater, der für alle im Einsatz ist, und das ebenfalls überall auf diesem Globus.
„Endlich zu Hause, wir bleiben mal in Berlin", sagte sie mir einige Tage vor dem Weihnachtsfest. Als ich sie am zweiten Weihnachtstag anrief, um eine Zeit für unser Treffen zu vereinbaren, war die versammelte Familie bereits in Buenos Aires. „Wir dachten, warum nicht mal nach Argentinien, zu Silvester bin ich wieder zurück."
Wer so durch die Welt flattert, der braucht eine praktische Garderobe, er braucht ein Lieblingsteil, einen ständigen Begleiter, der immer im Einsatz ist, da es auf 11 000 Metern, egal in welcher Klasse, immer Winter ist!
Der verständliche Wunsch, dem kalten Wetter mal zu entfliehen, bedeutet nicht immer, am Ankunftsort die erhoffte Sonne anzutreffen. Eines ist aber gewiss: Der Flug dahin ist immer etwas kühl und schattig!
Ich glaube, es gibt auch kein Restaurant oder keine Hotellobby in Asien, den Golfstaaten oder den sonnigen Staaten in Amerika, die nicht so stark heruntergekühlt

werden, dass ein handelsüblicher Salat nicht noch gut und gern zwei bis drei Tage frisch wie vom Feld geerntet aussieht, wenn er unter einem Tisch in einer Einkaufstüte vergessen würde.

Mein Problem lautet immer: Was nehme ich mit gegen die Wohlstandskälte, die Klimaanlage?

Modellnummer 423 – mittellang, gefertigt aus leichtem Kaschmir, war der erste Mantel und somit das erste Kleidungsstück, das im Leben meiner lieben Freundin so richtig Sinn gemacht hat. „Chic und praktisch, perfekt zu kombinieren, platzsparend und weltweit bewundert, Guido, dieser Mantel ist ein Geschenk."

Seit diesem Tag wurde auf einem LH Flug 543 von Frankfurt nach New York aus einem Mantel 423 – mittellang das Modell „Siggi".

Er gehört zu den erfolgreichsten Kleidungsstücken, die ich je entworfen habe. Wir haben dieses Modell in allen Farben und verschiedenen Materialien geschneidert. Er ist ein Traum in fließenden Wollstoffen, gern auch mit etwas Kaschmir. Er hat das Potenzial zum Lieblingsteil und ist ein Geschenk!

Ich kann mir jetzt schon vorstellen, was Sie für eine gute Zeit in diesem Mantel erleben werden, er ist wie meine liebe Freundin, etwas ganz Besonderes, Modell Siggi „zum Wohlfühlen" …

MANTEL

PAPIERSCHNITT

Schnitt vom Bogen pausen. Teile 1 und 3 müssen zusammengesetzt werden. Besatz von Teil 1 extra abpausen. Taschenbeutel von Teil 1 extra abpausen, er gilt für alle Größen. Schnittteile gemäß Zuschneideplan auf den Stoff stecken. Teil a direkt auf den Stoff zeichnen.

Grüner Schnitt, Bogen C
Schnittteile 1 bis 5

Gr. 36 ∘–∘–∘–∘–∘–∘–∘
Gr. 38 – – – – – – – –
Gr. 40 —— — —— —
Gr. 42 --------------
Gr. 44 ——————————

NAHT- UND SAUMZUGABEN

Für Nähte und Kanten 1,5 cm, für den Saum (Teile 1, 2 und 3) 4 cm zugeben. Bei Teil a sind die Zugaben in den Maßen enthalten.

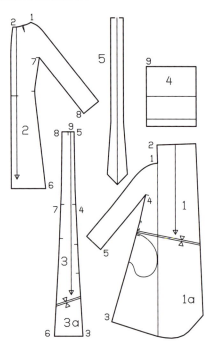

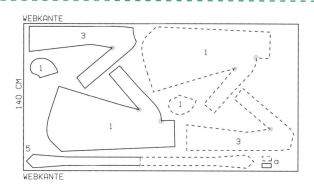

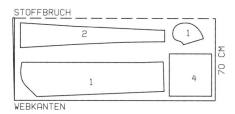

ZUSCHNEIDEN (BEI 150 CM STOFFBREITE)

2x	Vorderteil mit Unterkragen und vorderes Ärmelteil	**1**
2x	Besatz mit Oberkragen	**1**
4x	Taschenbeutel	**1**
2x	Rückenteil mit angeschnittenem rückwärtigen Ärmelteil	**2**
2x	Seitenteil mit angeschnittenem unterem Ärmelteil	**3**
2x	Ärmelaufschlag	**4**
1x	Gürtel im Stoffbruch	**5**
2x	Schlaufe	**a**

Stoff gemäß Zuschneideplan falten, bei einfacher Stofflage ist die rechte Seite oben, bei doppelter innen. Rechte und linke Teile gegengleich zuschneiden. Einlage siehe Graufläche im Zuschneideplan.

Zuschnittmaße für a

Größe	36	38	40	42	44	Breite für alle Größen (cm)
	Länge (cm)					
a			9			4

1 Rückwärtige Mittelnaht schließen und Zugaben einfassen

Rückwärtige Mittelnaht steppen. Nahtzugaben zusammengefasst mit Baumwollschrägband einfassen. Dazu das Band auf 1 cm Breite falten und bügeln. Band um die Nahtzugabenkanten herumlegen und feststeppen. Eingefasste Zugaben zu einer Seite bügeln. Von außen die Mittelnaht 7 mm breit absteppen.

2 Rückwärtige Abnäher schließen

Die rückwärtigen Abnäher steppen, zur Mitte des Mantels bügeln.

3 Seiten- und Rückenteil sowie Ärmelteile zusammennähen

Seitenteile rechts auf rechts auf das Rückenteil legen, von Nahtzahl 6 bis zum Querstrich bei Nahtzahl 7 steppen. Rückenteilzugaben in die Ecken (obere Nahtenden) einschneiden. Angeschnittene untere Ärmelteile von Nahtzahl 7 bis 8 an die angeschnittenen rückwärtigen Ärmelteile steppen. An den Ärmeln die Nahtzugaben einzeln einfassen und auseinanderbügeln. Zugaben der rückwärtigen Teilungsnähte zusammengefasst einfassen und zur rückwärtigen Mitte bügeln. Rückenteil entlang der Nähte absteppen.

4 Vorderteilnähte schließen und einfassen

Vordere Teilungsnähte und Ärmelnähte genauso steppen (Nahtzahlen 3, 4 und 5), Tascheneingriffe offen lassen. Nahtzugaben der Vorderteile an den Ein-

griffenden einschneiden. Zugaben der vorderen Ärmelnähte einzeln einfassen und auseinanderbügeln.

5 Nahttaschen nähen

Taschenbeutel rechts auf rechts an die Eingriffkanten stecken, genau von Querstrich bis Querstrich steppen. Vordere Taschenbeutel nach vorn legen, vordere Eingriffkanten bügeln und absteppen. Seitliche Taschenbeutel nach vorn legen, Ansatznähte absteppen. Taschenbeutel aufeinanderersteppen, Kanten einfassen. Teilungsnahtzugaben und fortlaufend die Zugaben der seitlichen Taschenbeutelansatznähte zusammengefasst einfassen. Nahtzugaben in die Vorderteile bügeln. Vorderteile ober- und unterhalb der Eingriffe entlang der Nähte absteppen (siehe auch Nahttaschen, Seite 208).

6 Schulter- und obere Ärmelnähte schließen und einfassen

Schulternähte und obere Ärmelnähte steppen (Nahtzahl 1), dabei genau an der markierten Ausschnittlinie beginnen. Vorderteilzugaben schräg in die Ecken einschneiden. Nahtzugaben wie in Schritt 1 beschrieben einfassen und auseinanderbügeln.

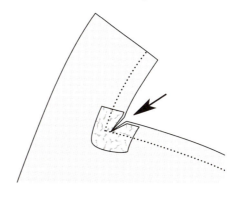

7 Schalkragen nähen

An den angeschnittenen Kragen (Vorderteile und Besatz) die rückwärtige Mittelnaht steppen. Nahtzugaben auseinanderbügeln. Unterkragen von Ecke bis Ecke an die Ausschnittkante des Rückenteils steppen. Nahtzugaben in den Kragen bügeln. Am Besatz die Zugabe der Innenkante einfassen. Besatz und Oberkragen rechts auf rechts auf die Vorderteile und den Unterkragen stecken, entlang der Saumkanten, der vorderen Kanten und der Kragenkante steppen. Nahtzugaben zurückschneiden, ab den Saumrundungen schräg verlaufend zur Saumzugabenkante hin schneiden. Am Mantel die Saumzugabe einfassen. Besatz nach innen wenden, Kanten bügeln, fortlaufend die Saumzugabe nach innen bügeln. Saumzugabe von Hand locker annähen. Besatzinnenkante auf der Kragenansatznaht feststecken, von außen in der Nahtrille durchsteppen. Die Besatzinnenkante dann auf der Saumzugabe annähen.

8 Ärmelaufschläge nähen

An den Ärmelaufschlägen die Saumzugabenkante einfassen. Nähte steppen, Nahtzugaben auseinanderbügeln. Aufschläge an die unteren Ärmelkanten steppen, die Nähte treffen auf den Querstrich (Nahtzahl 9). Nahtzugaben in die Aufschlagteile bügeln. Aufschläge an der Umbruchlinie nach innen bügeln, eingefasste Kante auf der Ansatznaht feststecken und von Hand annähen. Aufschläge an der Saum-Umbruchlinie nach außen aufschlagen und bügeln, an den Nähten mit einigen Handstichen annähen (1 cm unter der Bruchkante).

9 Schlaufen festnähen

Schlaufen längs falten, rechte Seite innen. 1 cm neben der Bruchkante steppen. Schlaufen wenden und bügeln. Schlaufen wie eingezeichnet auf die vorderen Teilungsnähte stecken, Enden einschlagen und aufsteppen oder annähen.

10 Gürtel nähen

Gürtel längs falten, rechte Seite innen. Längskanten aufeinandersteppen, ca. 10 cm zum Wenden offen lassen. Nahtzugaben zurückschneiden. Gürtel wenden und bügeln. Öffnung zunähen.

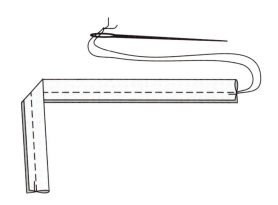

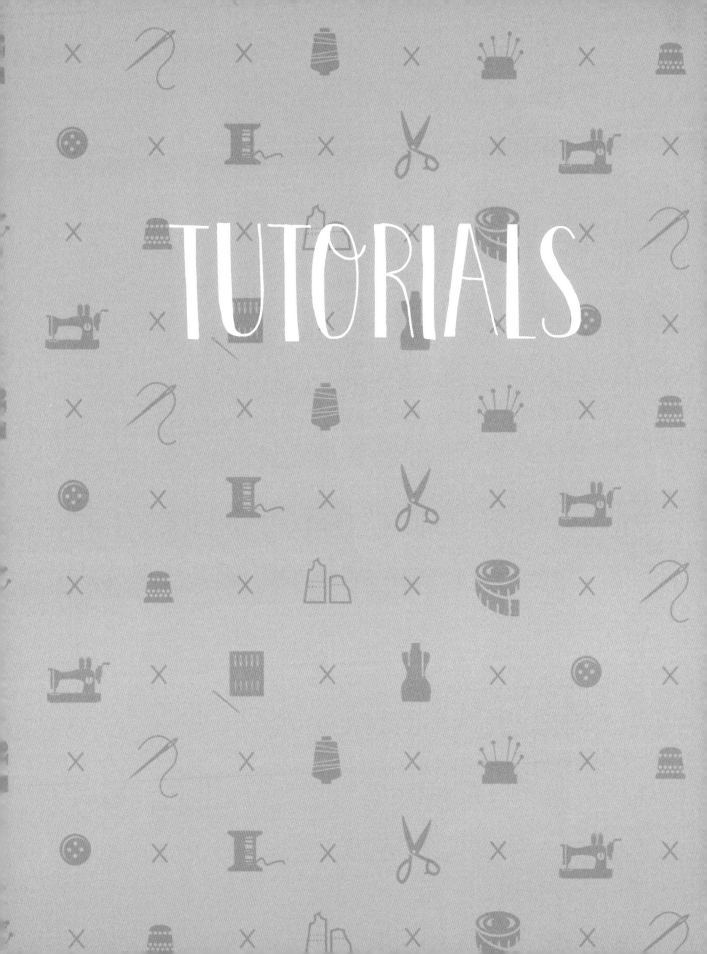

TUTORIALS

STICHARTEN

HANDNÄHTE

Man kann Kleidungsstücke zwar komplett mit der Maschine nähen, doch erst Handnähte lassen ein Kleidungsstück „handgemacht" und somit individueller wirken. Schneiderateliers und die Haute Couture verwenden für Säume und Knopflöcher stets die Handnähnadel, dadurch lassen sich auch kleinste Details feiner gestalten als mit der Nähmaschine.

Heftstich oder Vorstich

Nähen Sie mit einer Reihnadel (sie ist länger und hat ein größeres Öhr) und Reihgarn (meist naturfarben, dicker als Nähgarn, lässt sich leicht reißen) mittelgroße Stiche in Auf-und-ab-Bewegung von rechts nach links, um Teile zusammenzuheften oder einzureihen. Schieben Sie die Nadel dabei in gleichmäßigen Abständen durch den Stoff.

Steppstich oder Rückstich

Er dient als feste Nahtverbindung und wird ebenfalls von rechts nach links genäht. Beginnen Sie mit einem Vorstich, führen Sie die Nadel zum Einstich zurück, und reihen Sie auf diese Weise Stich an Stich ohne Zwischenraum dicht aneinander.

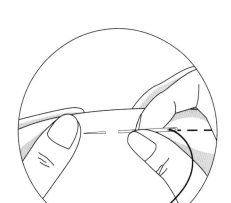

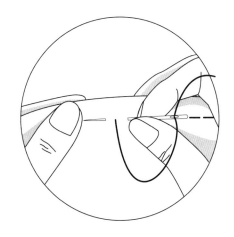

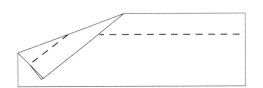

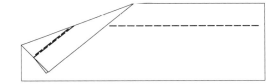

Saumstich

Damit können Säume und Futter befestigt werden. Er wird mit einer feinen Nadel genäht. Schlagen Sie dazu die umgebügelte und versäuberte Saumkante etwas zurück, und stechen Sie die Nadel dort aus. Stechen Sie schräg zur gegenüberliegenden Seite in den Saum, und nehmen Sie dort möglichst wenige Gewebefäden auf. Stechen Sie wieder schräg gegenüber in der zurückgeschlagenen Kante ein, nehmen Sie einige Fäden auf, stechen Sie wieder aus, und ziehen Sie den Faden durch, jedoch nicht zu fest an, sonst drücken sich die Nähte durch. An der Außenseite sind von diesem Stich nur kleine Pünktchen zu sehen.

Hexenstich

Damit lassen sich Säume aus leicht elastischen Stoffen befestigen, da der Stich sich in der Bewegung mitdehnt. Auch für Verzierungen lässt er sich einsetzen. Die Stiche werden versetzt angeordnet, sodass sie diagonal erscheinen und kreuzförmig übereinander liegen. Die Nährichtung verläuft hier anders als üblich, von links nach rechts. Erfassen Sie mit der Nadel abwechselnd oben und unten quer einige Gewebefäden.

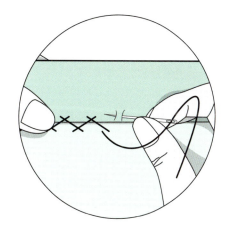

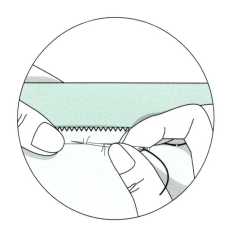

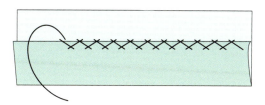

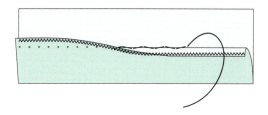

HANDNÄHTE

Staffierstich oder hohler Saumstich/Blindstich

Hier wird an einer Bruchkante genäht, also an einem
Futtersaum oder einer doppelt eingeschlagenen
Saumkante. Die Schnittkante muss dafür nicht versäubert werden. Genäht wird ähnlich wie beim Saumstich: Stechen Sie an der Bruchkante aus, nehmen Sie
dann direkt gegenüber im Stoff einige Gewebefäden
auf, stechen Sie die Nadel wieder direkt gegenüber im
Bruch ein, und führen Sie die Nadel ca. 0,5–1 cm hoch
durch die Bruchkante. Stechen Sie aus, und ziehen Sie
den Faden durch, aber nicht zu fest an.

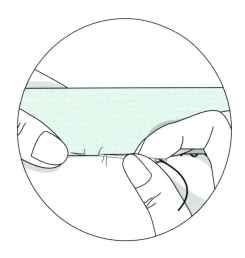

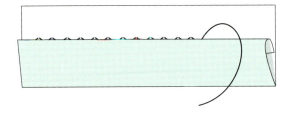

KANTEN ABSTEPPEN

Das Absteppen von Kanten gehört zu den wichtigsten Fertigkeiten beim Nähen. Mit etwas Übung werden die Nähte schön gleichmäßig. Für auffällige sportliche Steppnähte kann man andersfarbiges, dickeres Garn verwenden. Um exakte Konturen zu erhalten, sollten Steppkanten bei Details wie Kragen und Knopfleisten mit Einlage verstärkt werden.

Ein wichtiges Hilfsmittel zum Absteppen ist das Kantenlineal, das meist am Nähfüßchen befestigt wird. Beim Steppen kann der Stoff leicht geführt werden und der Abstand zu einer Kante oder einer Nahtlinie genau eingehalten werden. Je nach Nähmaschinenhersteller gibt es unterschiedliche Ausführungen. Zur Orientierung kann man auch die Führungslinien in der Stichplatte benutzen, die bei vielen Nähmaschinen dort eingeprägt sind.

1 Bügeln Sie die Nahtkante (oder den Saum), die abgesteppt werden soll, zuerst sorgfältig aus. Bei rutschigen Stoffen können Sie den Saum auch heften.

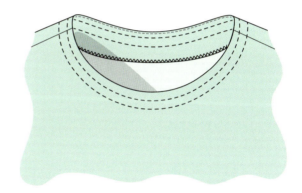

2 Steppen Sie dann füßchenbreit oder im gewünschten Abstand zur Kante mit einer Stichbreite von 2–3 oder größer.

3 Nähen Sie an Ecken bis zur Spitze, lassen Sie die Nadel im Stoff stecken, heben Sie das Nähfüßchen an, drehen Sie den Stoff im entsprechenden Winkel, senken Sie das Nähfüßchen wieder, und steppen Sie weiter. Bügeln Sie die gesteppte Kante.

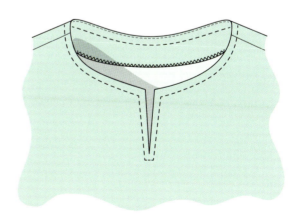

SÄUME NÄHEN

Fast jedes Kleidungsstück muss gesäumt werden. Dabei gibt es verschiedene Methoden – stimmen Sie die Saumart auf Stoff und Stil des Kleidungsstücks ab. Ein sportlicher Rock aus Baumwolle kann einen doppelt gesteppten Maschinensaum haben, wohingegen ein Rock aus hochwertigem Wollstoff meist besser fällt, wenn der Saum möglichst unsichtbar von Hand genäht wird. Entsprechend unterschiedlich sind auch die Saumzugaben: Bei einem einfachen Oberteil oder Kleid aus leichtem Sommerstoff kann es genügen, die Kante zu versäubern, einmal 1 cm umzuschlagen und festzusteppen. Röcke aus schwereren Materialien dürfen auch breitere Zugaben haben, dann fallen sie schöner. Die Saumzugabe ist nicht nur vom Stoff, sondern auch von der Form des Kleidungsstücks abhängig. Bei gerundeten Saumkanten sollte die Zugabe nicht breiter als 5 cm sein. Bei geraden Kanten darf es auch ein breiter Saum sein – am besten, Sie heften den Stoff vor dem Zuschneiden probehalber in der gewünschten Breite um, dann sehen Sie, wie der Saum fällt.

Den Saum von ausgestellten oder schräg geschnittenen Röcken und Kleidern sollte man mithilfe eines Meterstabs oder Rockabrunders markieren. Lassen Sie die Kleidungsstücke erst einmal ein bis zwei Tage aushängen, bevor Sie den Saum endgültig festlegen. Der Träger des Modells bleibt dazu in normaler Körperhaltung stehen, während eine zweite Person sich mit dem Rockabrunder oder Meterstab (hochkant aufgestellt) rings um das Kleidungsstück bewegt und die korrekte Saumlinie nach und nach mit Schneiderkreide oder Stecknadeln markiert.

Handgenähter Saum

1 Die Saumzugabe ist im Schnittmuster beschrieben und muss in der Regel beim Zuschneiden hinzugefügt werden. Es gibt auch Fertigschnitte, die bereits alle Zugaben enthalten.

2 Der Saum wird meist erst genäht, wenn alle anderen Nähte am Kleidungsstück geschlossen sind. Prüfen Sie die Saumlinie nach der Anprobe. Messen Sie in regelmäßigen Abständen, ob die Saumzugabe gleichmäßig breit ist, und markieren Sie Abweichungen mit Schneiderkreide oder Heftgarn. Schneiden Sie die Zugabe dann gegebenenfalls zurecht.

3 Versäubern Sie die Schnittkante mit Zickzack- oder Overlock-Stich. Schlagen Sie den Saum an der markierten Linie um, und stecken Sie ihn fest.

4 Heften und bügeln Sie den Saum. Falls er gerundet ist (wie bei einem Tellerrock), halten Sie die Kante leicht ein. Nähen Sie den Umschlag mit Saumstichen fest, ziehen Sie dabei den Faden nicht zu stark an. Entfernen Sie den Heftfaden, und bügeln Sie den Saum vorsichtig, er darf sich auf der Vorderseite nicht durchdrücken. Dazu heben Sie am besten die Schnittkante leicht an und bügeln bis zu den Stichen.

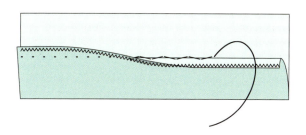

Maschinengenähter Saum

1 Die Säume von einfachen Modellen aus waschbaren Stoffen können auch mit der Nähmaschine gesteppt werden. Versäubern Sie dafür die Schnittkante wie bei einem Handsaum, und steppen Sie dann den Saum füßchenbreit neben dieser Kante.

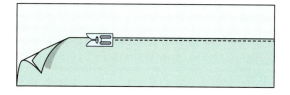

2 Bei einem dünnen Stoff, der nicht allzu sehr aufträgt, können Sie beim Zuschnitt beispielsweise 3 cm Saumzugabe hinzurechnen. Bügeln Sie die Schnittkante zuerst 1 cm und dann den Saum 2 cm nach links um, stecken und heften Sie die Kante, und steppen Sie sie knappkantig ab.

TIPP

Falls der Stoff sehr dick ist, können Sie die Nahtzugaben im Bereich der Saumzugabe zur Hälfte zurückschneiden. Sie müssen sie dort nicht versäubern, da sie später vom Saumumschlag verdeckt werden. So trägt der Saum an den Nähten weniger auf.

DRUCKKNÖPFE ANNÄHEN

Druckknöpfe sind eine praktische Verschlusslösung, wenn kein Knopf auf der Außenseite zu sehen sein soll. Beachten Sie aber bei der Planung, dass die Befestigungsstiche auf der rechten Seite des Übertritts zu sehen sind. Für Jacken und Mäntel gibt es auch übergroße Druckknöpfe, die zu Schmuckelementen werden (siehe auch Blouson, Seite 105).

Beim Befestigen ist es wichtig, die beiden Druckknopfhälften von der richtigen Seite anzunähen: Das etwas stärkere Unterteil hat eine Vertiefung in der Mitte, das Oberteil erkennt man an einem Stift in der Mitte, der in die Vertiefung des anderen Teils eingeknipst wird.

1 Markieren Sie die Position des Druckknopfs an beiden Teilen des Kleidungsstücks. Nähen Sie zuerst das Oberteil an den vier Öffnungen jeweils mit mehreren kurzen Stichen über den Druckknopfrand durch beide Stofflagen fest.

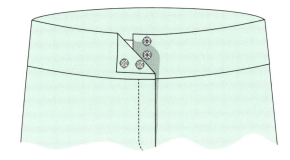

2 Platzieren Sie das Unterteil so auf dem Untertritt, dass die Schnittteile an der Verschlusskante übereinstimmen. Achten Sie darauf, dass die Vertiefung nach unten zeigt, und nähen Sie es wie das Oberteil an den Öffnungen mit mehreren Stichen über den Druckknopfrand fest. Vernähen Sie den Faden, und verankern Sie das Ende zwischen den Stofflagen.

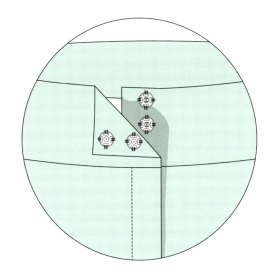

BRUSTABNÄHER

Tutorials

Diese Abnähervariante verläuft meist zu den Seitennähten hin (siehe auch Ärmelloses Kleid, Seite 73). Damit der Abnäher wirklich gut sitzt, müssen die Linien und Passzeichen vom Schnittmuster auf den Stoff exakt übertragen werden. Das kann man mit Durchschlagstichen machen, aber auch mit Schneiderkopierpapier. Der Brustabnäher muss an der richtigen Stelle sitzen, deshalb sollte er für die Anprobe zunächst nur geheftet werden, um eventuell Änderungen vornehmen zu können.

1 Falten Sie das Stoffteil von der linken Seite an der Mittellinie des Abnähers, und stecken Sie es so, dass die markierten Nahtlinien übereinstimmen. Heften Sie den Abnäher mit kleinen Stichen.

2 Der Brustabnäher wird immer von der offenen Seitenkante zur Spitze hin genäht. Beginnen Sie an der breiten Seite des Abnähers zu steppen, vernähen Sie den Nahtanfang.

3 Lassen Sie den Abnäher an der Spitze sanft auslaufen, achten Sie darauf, keine Rundung oder Ecke hineinzunähen. Bei festen undurchsichtigen Stoffen können Sie das Abnäherende vernähen, ansonsten ist es besser, den Faden hängen zu lassen und zweimal zu verknoten.

4 Bügeln Sie den Abnäher von der linken Seite flach, achten Sie darauf, nicht darüber hinaus zu bügeln, damit keine Falte entsteht. Schlagen Sie dann das Vorderteil nach unten um, und bügeln Sie den Abnäher sorgfältig nach unten.

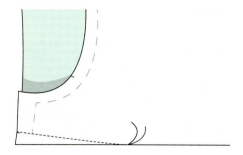

TIPP

Brustabnäher lassen sich am besten auf einem Bügelkissen oder Achselbock bügeln – es ist rund geformt, um das Bügeln von Rundungen zu erleichtern. So gibt es keine Tütchenbildung bei den Abnäherspitzen.

NAHTKANTEN EINFASSEN

Jacken und Mäntel, die nicht gefüttert werden, damit sie möglichst leicht sind, sollen auch von innen gut aussehen (siehe auch Kastenjacke und Mantel, Seite 111 und 161). Eine einfache Kantenversäuberung mit Zickzackstichen ist zwar schnell genäht, aber eine Einfassung mit Schrägband wirkt professioneller und dient zugleich als schmückendes Detail. Und zudem sind die Kanten damit besser vor dem Ausfransen geschützt.

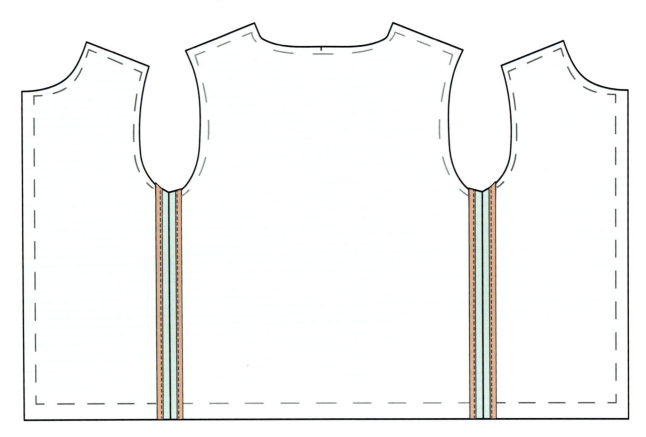

1 Verwenden Sie fertig vorgefalztes Schrägband, oder schneiden Sie einen etwa 4 cm breiten Schrägstreifen aus dem gewünschten Stoff zu. Bügeln Sie bei diesem an einer Kante ca. 1 cm und an der anderen ca. 0,8 cm um.

2 Die Nahtzugaben des Kleidungsstücks sollten gleich breit sein, schneiden Sie sie gegebenenfalls zurecht. Legen Sie das Schrägband so um die Kante, dass sich der breitere Umschlag unten befindet. Stecken und heften Sie das Band fest, achten Sie darauf, die untere Bandseite durchgehend mitzufassen.

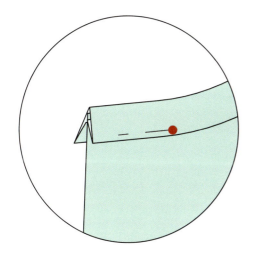

3 Steppen Sie das Band mit kleinen Stichen knappkantig fest, und bügeln Sie die Kanten.

Diese Methode eignet sich gut für Stoffe, die nicht allzu dick sind und beim Nähen nicht verrutschen.

Bei einem Kleidungsstück aus Stoff mit glatter Struktur wie etwa Satin ist es besser, das Schrägband wie üblich zu verarbeiten: Nähen Sie es zuerst an der schmaler eingeschlagenen Seite fest, legen Sie es um die Nahtzugabe, und heften Sie es auf der anderen Seite fest, achten Sie darauf, dass es die Naht überdeckt. Steppen Sie es im Nahtschatten von rechts fest.

Bei einem Kleidungsstück aus dickem, nicht fransendem Stoff wie Filz kann ein Schrägstreifen auch ohne Einschlag festgenäht werden: Schneiden Sie dazu einen ca. 4 cm breiten Schrägstreifen aus dünnem Stoff (der wenig franst) zu. Stecken Sie ihn rechts auf rechts an die Nahtkante, und nähen Sie ihn füßchenbreit fest. Bügeln Sie den Streifen mit den Nahtzugaben zur Kante hin. Schlagen Sie den Streifen über die Nahtkante zur Rückseite um, stecken und steppen Sie ihn von rechts im Nahtschatten fest.

TEILBARER REISSVERSCHLUSS

Teilbare Reißverschlüsse für Jacken und andere Oberteile gibt es in Metall- oder Kunststoffausführung in verschiedenen Längen und Farben. Sie können verdeckt oder offen in das Kleidungsstück eingenäht werden (siehe auch Top mit Reißverschluss, Seite 79). Achten Sie beim Zuschnitt darauf, dass am Halsausschnitt genügend Nahtzugabe zum Ansetzen von Beleg oder Kragen vorhanden ist. Das Einnähen des Reißverschlusses ist am einfachsten, wenn der Kragen oder Beleg noch nicht angesetzt ist. Auch der Saum wird erst nach dem Befestigen des Reißverschlusses genäht.

1 Versäubern Sie die Längskanten am Vorderteil, bügeln Sie sie gemäß dem Schnittmuster um. Stecken und heften Sie die beiden Reißverschlusshälften an den Kanten fest (entweder mit den Zähnchen bündig oder mit sichtbaren Zähnchen), achten Sie darauf, dass sich die Enden nicht verschieben, sondern oben und unten exakt an den Markierungen liegen. Halten Sie den Stoff beim Heften leicht ein, damit der Reißverschluss nicht wellt.

2 Setzen Sie das Reißverschlussfüßchen ein, und steppen Sie den Reißverschluss an jeder Seite knappkantig fest. Vernähen Sie Nahtanfang und -ende. Bügeln Sie die Stoffkanten mit Naht. Nähen Sie die eingeschlagenen Belegkanten oder den Saum auf der linken Seite an der Reißverschluss-Steppnaht fest.

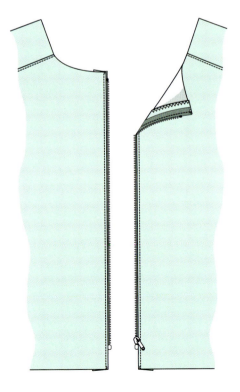

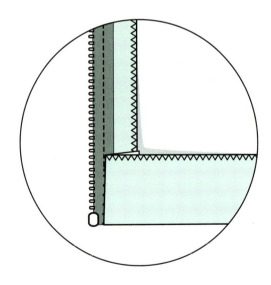

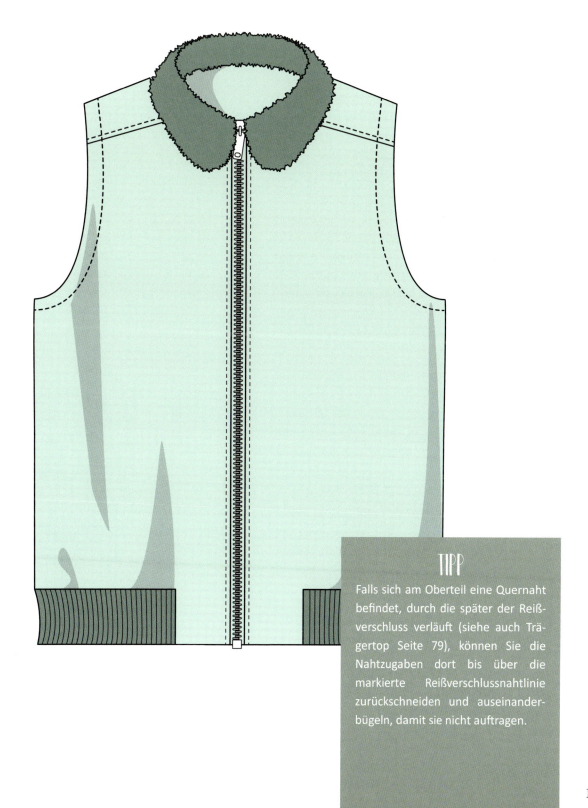

TIPP

Falls sich am Oberteil eine Quernaht befindet, durch die später der Reißverschluss verläuft (siehe auch Trägertop Seite 79), können Sie die Nahtzugaben dort bis über die markierte Reißverschlussnahtlinie zurückschneiden und auseinanderbügeln, damit sie nicht auftragen.

Reißverschlüsse kürzen

Teilbare Reißverschlüsse gibt es in verschiedenen Längen. Wenn Sie eine andere Länge benötigen, können Sie den nächstgrößeren Reißverschluss kaufen und ihn entsprechend kürzen. Messen Sie dazu am Kleidungsstück die Kante von Verschlussanfang bis Verschlussende ab. Messen Sie dieses Maß vom unteren Reißverschlussende nach oben ab, und markieren Sie es auf den Reißverschlussbändern.

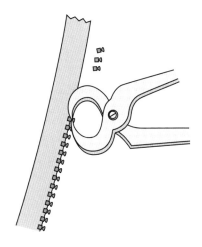

Biegen Sie bei einem Metallreißverschluss die oberen Abschlussteile der Zähnchenreihe vorsichtig auseinander, lösen Sie sie ab, und legen Sie sie beiseite. Entfernen Sie anschließend die überflüssigen Zähnchen von oben bis 5 mm unterhalb der Markierung mit einer Zange. Haken Sie zum Schluss die Abschlussteile wieder an den Reißverschlussbändern ein, und drücken Sie sie fest zusammen.

Bei einem Kunststoffreißverschluss entfernen Sie die oberen Abschlussteile und entsprechend viele Zähnchen ebenfalls mit einer Zange. Damit der Schieber nicht herausrutschen kann, nähen Sie an den oberen Enden je einen dicken Garnriegel.

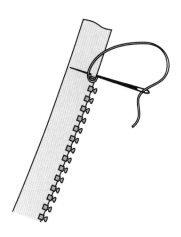

Sehr feine Kunststoffreißverschlüsse haben keine Zähnchen, sondern eine Spirale. Diese Art Reißverschluss können Sie oben einfach abschneiden, und zwar 2 cm länger als benötigt. Fassen Sie die oberen Bandenden entweder in der Naht mit, oder schlagen Sie sie schräg nach unten ein.

NAHTREISSVERSCHLUSS
VERDECKT

Diese Reißverschlussvariante gibt es in drei Längen: 22 cm, 40 cm, 60 cm. Der Reißverschluss sollte mindestens 2 cm länger sein als der Schlitz. Er wird eingenäht, bevor die Naht unterhalb des Schlitzes gesteppt wird. Dafür braucht man ein spezielles Nähfüßchen.

Reißverschluss einnähen

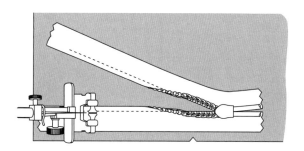

1 Öffnen Sie den Reißverschluss, und drücken Sie die Spirale mit dem Daumennagel weg, sodass die Nahtstelle zwischen Band und Spirale zu sehen ist. Legen Sie den geöffneten Reißverschluss mit der Oberseite nach unten auf die rechte Stoffseite einer Schlitzkante.

2 Berechnen Sie den Abstand zwischen Band und Stoffkante wie folgt, um den Reißverschluss genau in der markierten Nahtlinie festzusteppen: Nahtzugabenbreite minus 1 cm Bandbreite = Abstand zur Stoffkante. Bei einer 1,5 cm breiten Nahtzugabe beträgt der Abstand zum Band 5 mm.

3 Stecken Sie das obere Reißverschlussende im errechneten Abstand zur Stoffkante mit einer Stecknadel fest. Am markierten Schlitzende steht das untere Reißverschlussende über. Setzen Sie das Nähfüßchen so auf den Reißverschluss, dass die Spirale in der Kerbe rechts neben der Nadel liegt. Steppen Sie den Reißverschluss von oben bis zum markierten Schlitzende fest. Schließen Sie den Reißverschluss.

4 Legen Sie das zweite Reißverschlussband mit der Oberseite auf die rechte Stoffseite der zweiten Schlitzkante, stecken Sie es oben mit einer Stecknadel fest. Öffnen Sie den Reißverschluss wieder. Setzen Sie das Nähfüßchen auf das obere Reißverschlussende, die Spirale liegt in der Kerbe links neben der Nadel. Steppen Sie den Reißverschluss von oben bis zum Schlitzende fest. Schließen Sie den Reißverschluss.

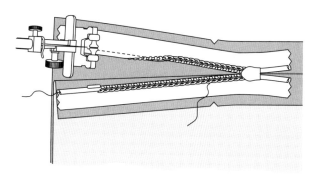

5 Steppen Sie nun die Naht unterhalb des Reißverschlusses, und zwar von unten nach oben. Legen Sie dabei das lose untere Ende vom Reißverschluss zur Nahtzugabe hin. Steppen Sie die Naht möglichst dicht bis zum letzten Stich der Reißverschlussnähte. Zu lange Reißverschlüsse können Sie abschneiden (siehe gegenüberliegende Seite) und das Ende mit einem Stoffrest einfassen.

BIESEN & FÄLTCHEN

Fältchen und Biesen sind einfache und attraktive Gestaltungselemente, dienen aber auch dazu, Stoffweite zusammenzuhalten und an entsprechender Position aufspringen zu lassen. In dieser Funktion ähneln sie also auch Abnähern. An einem Ausschnitt platziert, werden sie von der rechten oder linken Seite gesteppt und springen am unteren Ende auf. Achten Sie beim Stecken und Steppen darauf, dass die Nahtlinien des Schnittmusters exakt übereinstimmen. Vernähen Sie das Nahtende mit Rückstichen, oder verknoten Sie die Fadenenden bei dünneren Stoffen auf der linken Seite. Bügeln Sie die Fältchen je nach Schnitt zu einer Seite hin oder symmetrisch auseinander, und achten Sie darauf, nicht über das Nahtende zu bügeln.

1 Wenn die Biesen oder Fältchen sehr schmal sind, genügt es, nur jeweils die mittlere Längskante mit Heftgarn zu markieren. Ansonsten markieren Sie jeweils beide Stepplinien der Biese (siehe auch Rüschenkleid, Seite 57).

2 Falten Sie das Stoffteil an der Markierung links auf links, sodass die geheftete Linie genau im Bruch liegt. Stecken und heften Sie die Biese, und steppen Sie sie in der entsprechenden Breite.

3 Steppen Sie auf diese Weise alle Biesen. Bügeln Sie bei jeder Biese (sorgfältig mit der Bügeleisenspitze) zunächst den Bruch und die Naht, bügeln Sie dann alle Biesen in die vorgegebene Richtung. Steppen Sie an der oberen Kante des Schnittteils quer über die Biesen, um sie zu sichern.

TIPP

Damit die Biesen exakt werden, können Sie sich beim Steppen an den Führungslinien auf der Stichplatte oder an der Kante des Nähfüßchens orientieren. Für breitere Fältchen gibt es ein Kantenlineal, das man an der Nähmaschine befestigt. Für besonders feine Fältchen gibt es einen extra Biesenfuß für Nähmaschinen.

KELLERFALTEN

Falten sind ein tolles Gestaltungsmittel, um einem Kleidungsstück Volumen zu verleihen (siehe auch Ärmelloses Kleid, Seite 73). Sie können exakt gebügelt werden oder offen aufspringen. Im Schnittmuster sind alle wichtigen Linien (Faltlinien und Anstoßlinien) eingezeichnet, um die Falten einlegen zu können. Übertragen Sie alle Markierungen und Passzeichen mit Heftgarn oder Schneiderkreide, achten Sie beim Zuschnitt besonders darauf, die Teile im richtigen Fadenlauf aufzulegen.

1 Eine Kellerfalte hat zwei Faltlinien und eine gemeinsame Anstoßlinie. Falls erforderlich, können Sie alle Bruchkanten im Folgenden einbügeln.

2 Kniffen Sie den Stoff an einer der Faltlinien, legen Sie ihn mit der Bruchkante an die Anstoßlinie, stecken und heften Sie ihn fest.

3 Kniffen Sie den Stoff an der anderen Faltlinie, legen Sie ihn exakt an die Anstoßlinie, stecken und heften Sie ihn fest. Auf der rechten Seite stoßen die Bruchkanten nun exakt aufeinander, auf der linken Seite sind sie voneinander entfernt. Achten Sie darauf, dass die Falten an der Oberkante bündig abschließen, und heften Sie sie fest. Sie können sie auch innerhalb der Nahtzugabe quer feststeppen, bevor Sie beispielsweise einen Bund oder ein Oberteil festnähen.

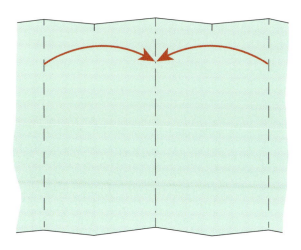

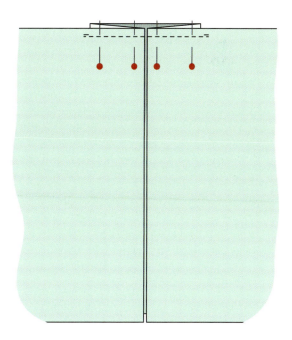

RÜSCHEN NÄHEN

Ob nun von Reihen, Raffen oder Einkräuseln die Rede ist – hier geht es immer darum, zwei Stoffteile mit unterschiedlicher Kantenlänge zu verbinden und dabei Volumen zu erzeugen. Dabei wird das längere Teil in gleichmäßige kleine Fältchen gelegt. Rüschen werden immer als Streifen zugeschnitten und können zum Beispiel als Abschluss an Röcken oder Kleidern dienen (siehe auch Rüschenkleid, Seite 57).

1 Bestimmen Sie zunächst die fertige Länge der Rüsche sowie die Breite. Je feiner der Stoff, desto stärker gekräuselt sollte die Rüsche sein. Für eine einfache Kräuselung können Sie die doppelte Länge der fertigen Rüsche für den Zuschnitt einplanen, für eine dichtere Kräuselung die dreifache Länge.

2 Schneiden Sie die Stoffstreifen in entsprechender Länge und Breite mit Naht- und Saumzugaben zu, und setzen Sie sie an den Schmalseiten zusammen (sofern die Rüsche aus mehreren Streifen besteht).

3 Säumen Sie die untere Kante (gegebenenfalls auch die seitliche Kante) des Rüschenstreifens nach Belieben von Hand oder mit der Nähmaschine. Man kann auch einen Rollsaum arbeiten oder die umgeschlagene Saumkante mit Zierstichen befestigen.

4 Stellen Sie die größtmögliche Stichlänge an der Nähmaschine ein. Steppen Sie an der oberen Kante der Rüsche im Abstand von etwa 6 mm innerhalb der Nahtzugabe zwei parallele Kräuselnähte,

wichtig dabei ist: Vernähen Sie nicht, sondern lassen Sie den Faden an beiden Enden etwa 10 cm hängen. Fassen Sie an jedem Ende jeweils die Unterfäden, und schieben Sie den Stoff an den Fäden bis auf die gewünschte Weite zusammen. Ziehen Sie nicht zu kräftig an den Fäden, damit sie nicht abreißen.

5 Stecken Sie die gereihte Rüsche rechts auf rechts an die Kante des vorgesehenen Stoffteils, und verteilen Sie die Fältchen möglichst gleichmäßig.

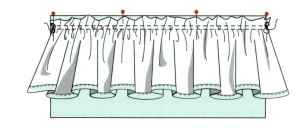

6 Nähen Sie die Teile zusammen, und versäubern Sie beide Kanten gemeinsam mit einem breiten Zickzackstich.

7 Bügeln Sie von rechts die Nahtzugaben in das glatte Stoffteil.

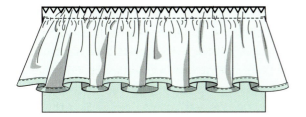

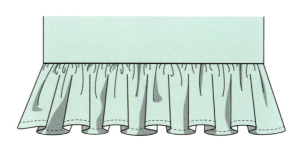

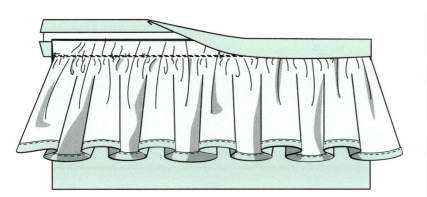

VARIANTE

Damit die Rüsche auch von der Rückseite gut aussieht, kann man die Nahtzugaben mit einem Schrägstreifen einfassen. Stecken Sie dazu den Schrägstreifen mit der rechten Seite bündig an die Oberkante der Rüsche. Steppen Sie in der Nahtlinie durch alle Lagen. Schneiden Sie die Nahtzugaben bei dicken Stoffen gestuft zurück. Schlagen Sie den Schrägstreifen über die Kante, und nähen Sie ihn von Hand an der Rüschenansatznaht fest.

187

ÄRMEL EINSETZEN

Wenn man die richtigen Handgriffe kennt, ist das Einsetzen eines Ärmels ganz einfach. Beachten Sie den Ablauf der Arbeitsschritte in der Nähanleitung, und heften Sie erst einmal einen Ärmel zum Anprobieren in das Kleidungsstück – dann sehen Sie, ob er richtig fällt. Am besten ist es, vor dem endgültigen Einnähen des Ärmels den Saum oder das Bündchen fertigzustellen. Die Länge können Sie ebenfalls bei der Anprobe prüfen.

1 Bereiten Sie das Oberteil vor: Schließen Sie die Seiten- und Schulternähte, und stellen Sie den Halsausschnitt nach Anleitung fertig.

3 Schließen Sie die Ärmelnaht, versäubern Sie gegebenenfalls die Kanten, und bügeln Sie die Naht aus. Stellen Sie auch den Ärmelabschluss (Saum, Bündchen etc.) nach Belieben fertig.

2 Bereiten Sie den Ärmel vor: Die Armkugel ist in der Regel etwas weiter als der Armausschnitt, sie wird oben leicht eingehalten. Nähen Sie eine Reihnaht innerhalb der Nahtzugabe im oberen Bereich der Armkugel (meist auf dem Schnittmuster markiert), und schieben Sie den Stoff dort ganz leicht zusammen. Es dürfen sich jedoch keine Fältchen ergeben.

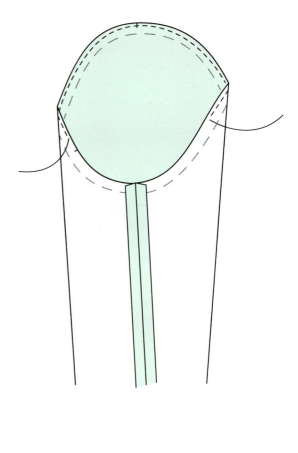

4   Legen Sie das Oberteil mit der Innenseite vor sich
    hin, und ziehen Sie den Ärmel in das Armloch.
Dabei müssen die Kanten rechts auf rechts liegen.
Stecken Sie den Ärmel mit je einer Nadel zunächst
oben in der Mitte der Armkugel (Markierung) an der
Schulternaht fest, dann unten mit der Ärmelnaht an
der Seitennaht (oder wie im Schnitt markiert). Achten
Sie darauf, dass die Markierung im vorderen Armausschnitt auf die Markierung am vorderen Armkugel-
bereich trifft, und stecken Sie die Teile auch hier zuerst mit einer Nadel fest.

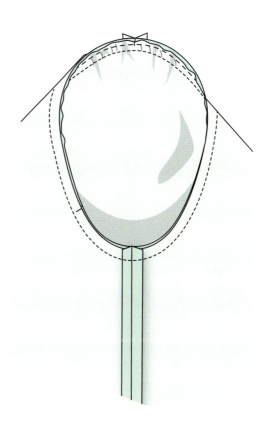

5   Stecken Sie dann den Ärmel am unteren Armaus-
    schnitt glatt fest. Stecken Sie anschließend die
Armkugel fest, halten Sie sie dabei leicht ein, sodass
sie sich etwas wölbt.

6   Heften Sie den Ärmel fest, und probieren Sie das
    Kleidungsstück. Der Ärmel muss immer leicht
schräg etwas nach vorn fallen (das entspricht der na-
türlichen Körperhaltung) und darf keine Zugfalten am
Oberarm aufweisen. Wenn der Ärmel gut sitzt, können Sie ihn festnähen, und zwar von der Ärmelseite
her. Versäubern Sie anschließend die Nahtzugaben
gemeinsam, falls kein Futter vorgesehen ist.

RAGLANÄRMEL

Es gibt verschiedene Schnittvarianten bei Raglanärmeln, charakteristisch ist die diagonal verlaufende Naht vom Unterarm zum Halsausschnitt an Vorder- und Rückenteil (siehe auch Hemdbluse, Seite 35). Der Raglanärmel wird etwas anders verarbeitet als der übliche eingesetzte Ärmel, hier wird eine Methode vorgestellt.

1 Stecken Sie das vordere und rückwärtige Ärmelteil an der Schulternaht und fortlaufenden Kante rechts auf rechts. Nähen Sie die Teile zusammen.

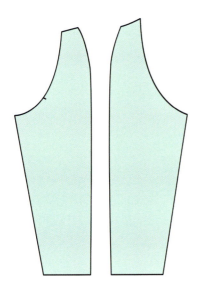

2 Bügeln Sie die Naht zuerst flach und die Nahtzugaben dann auseinander. An der Schulterrundung können Sie kleine Kerben ausschneiden, damit sie nicht wellt, und die Naht dann über einem kleinen Bügelkissen ausbügeln. Versäubern Sie die Kanten, falls kein Futter vorgesehen ist. Schließen Sie die Unterarmnaht, und bügeln Sie sie aus.

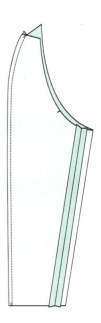

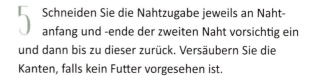

3 Schließen Sie die Seitennähte des Kleidungsstücks, und bügeln Sie sie aus. Stecken Sie den Ärmel rechts auf rechts in den Armausschnitt, achten Sie darauf, dass die Teile an den Markierungen sowie an der Unterarm- und Seitennaht übereinstimmen.

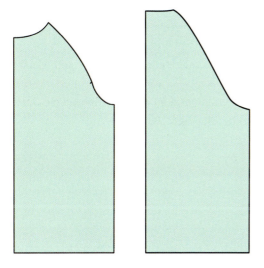

4 Nähen Sie den Ärmel von der Ärmelseite ringsum fest. Steppen Sie im Bereich des Unterarms in der Nahtzugabe, füßchenbreit von der ersten Naht entfernt, eine zweite Naht zum Stabilisieren.

5 Schneiden Sie die Nahtzugabe jeweils an Nahtanfang und -ende der zweiten Naht vorsichtig ein und dann bis zu dieser zurück. Versäubern Sie die Kanten, falls kein Futter vorgesehen ist.

6 Bügeln Sie die Naht im Unterarmbereich flach und oberhalb davon die Nahtzugaben auseinander. Das hat den Vorteil, dass die Nähte beim Tragen flach liegen bleiben und nicht auf eine Seite klappen.

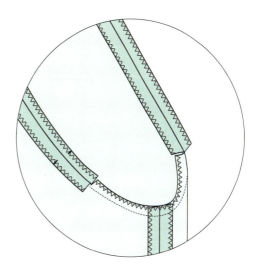

BÜNDCHEN & MANSCHETTEN
MIT SCHLITZ

Klassische Blusen und Hemden wirken erst perfekt, wenn sie mit Bündchen oder Manschetten gearbeitet sind (siehe auch Herrenhemd, Seite 117). Ganz gleich, wie breit sie sind – die grundlegenden Abläufe sind stets dieselben. Für den Schlitz gibt es unterschiedliche Verarbeitungsmethoden, hier wird eine mit Einfassung vorgestellt. Nähanfänger können die Manschette auch geschlossen und ohne Schlitz nähen, dann muss sie etwas weiter sein, damit die Hand beim Hineinschlüpfen bequem durchpasst.

Den Schlitz einfassen

1 Bereiten Sie die Schlitzöffnung am Ärmel vor: Steppen Sie am Einschnitt ca. 6 mm breit mit kleinen Stichen bis zur Spitze, stellen Sie das Nähfüßchen hoch, drehen Sie das Ärmelteil, und steppen Sie entlang der anderen Kante.

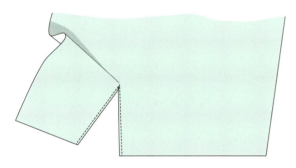

2 Bügeln Sie die Naht, und schneiden Sie mit einer scharfen kleinen Schere die Spitze vorsichtig ein (Vorsicht, nicht in die Naht schneiden!).

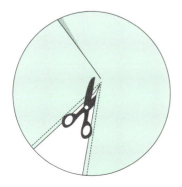

3 Schneiden Sie aus dem Oberstoff einen Schrägstreifen für die Einfassung zu, er sollte doppelt so lang sein wie der Schlitz und ca. 3 cm breit. Bügeln Sie eine Längskante ca. 7 mm zur linken Seite um.

4 Spreizen Sie den Schlitz auseinander, sodass er gerade liegt. Legen Sie den Schrägstreifen mit der ungebügelten Kante rechts auf rechts an die Schlitzkante, und heften Sie ihn fest. Steppen Sie den Streifen von der Ärmelseite aus mit einer Nahtbreite von 7 mm fest, und achten Sie darauf, dass die Verstärkungsnaht (siehe Schritt 1) innerhalb der Nahtzugabe liegt, damit sie später von rechts nicht sichtbar ist.

5 Schlagen Sie den Streifen um die Schlitzkante auf die Ärmelrückseite um, und stecken Sie die gebügelte Bruchkante an der Steppnaht fest. Befestigen Sie sie von Hand mit Staffierstichen, oder steppen Sie sie mit der Nähmaschine fest, und bügeln Sie den Schlitz.

6 Falten Sie die Einfassung an der Spitze des Schlitzes zur Mitte, und stecken Sie einen kurzen Abnäher, der zum Ärmel hin ein Fältchen bildet. Steppen Sie ihn mit kleinen Stichen, und bügeln Sie ihn zu einer Seite (am anderen Ärmel zur anderen Seite).

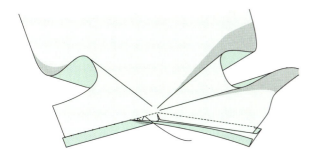

Das Bündchen festnähen

1 Verstärken Sie zunächst eine Längshälfte des Bündchenteils mit Bügeleinlage. Diese Seite liegt später außen am Bündchen.

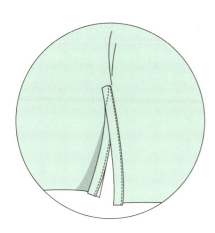

2 Legen Sie das Bündchenteil an den Schmalseiten rechts auf rechts, stecken und steppen Sie die Seitennaht. Schneiden Sie die Nahtzugaben gestuft zurück, und schrägen Sie sie an den Ecken ab.

3 Wenden Sie das Bündchen nach rechts, und schieben Sie die Ecken sorgfältig nach außen. Rollen Sie die Nähte zwischen den Fingern, und bügeln Sie sie so, dass die Naht um 1–2 mm versetzt auf der Bündchenrückseite liegt.

4 Bereiten Sie die Ärmelunterkante vor: Legen Sie sie in Fältchen, oder kräuseln Sie sie, je nach Schnittmuster. Stecken Sie die Bündchenaußenseite mit der offenen Kante rechts auf rechts an die Unterkante des Ärmels. Achten Sie dabei auf die Markierungen, am Unterarm müssen einige Zentimeter als Untertritt überstehen. Das andere Bündchenende schließt meist bündig ab mit der Schlitzeinfassung.

5 Heften und nähen Sie das Bündchen fest. Bügeln Sie vorsichtig auf die Naht (jedoch keine Kräusel flach bügeln!). Schneiden Sie die Nahtzugaben am Ärmelteil bei dickeren Stoffen etwas zurück, und schrägen Sie sie an den Ecken ab.

MIT SCHLITZ

6 Klappen Sie das Bündchen nach unten um, und bügeln Sie die Nahtzugabe zum Bündchen hin. Schlagen Sie auf der Bündcheninnenseite die Nahtzugabe ein, und nähen Sie die Bruchkante mit kleinen Staffierstichen von Hand fest. Bügeln Sie das Bündchen, und steppen Sie es nach Belieben ab. Nähen Sie Knopflöcher in die bündig abschließende Bündchenseite sowie Knöpfe an den Untertritt.

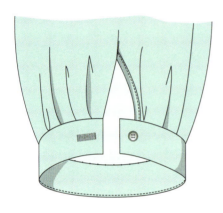
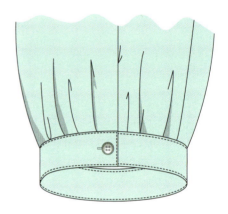

Oberteile ohne Kragen werden am Halsausschnitt entweder eingefasst oder mit einem Beleg versäubert (siehe auch Blusenshirt, Seite 41). Der Beleg hat dieselbe Form wie das Vorder- bzw. Rückenteil, und muss, das ist sehr wichtig, im gleichen Fadenlauf wie diese zugeschnitten werden.

1 Schneiden Sie, je nach Schnittmusteranleitung, Einlage für die Belegteile zu, und bügeln Sie sie auf die linke Seite der Belegteile.

2 Stecken Sie den vorderen und rückwärtigen Beleg an den Schultern rechts auf rechts. Steppen Sie die Nähte, und bügeln Sie sie aus. Schneiden Sie die Nahtzugaben etwas zurück, bei stark fransendem Stoff können Sie sie versäubern.

3 Versäubern Sie die Außenkante des Belegs mit Zickzack- oder Overlock-Stichen, oder schlagen Sie sie schmal ein, und steppen Sie sie knappkantig fest.

4 Stecken Sie den Beleg rechts auf rechts an die Halsausschnittkante (schließen Sie zuvor die Schulter- und eventuell vorhandene Mittelnähte am Oberteil), achten Sie darauf, dass die Teile an den Markierungen übereinstimmen.

5 Steppen Sie den Beleg von der Belegseite fest. Schneiden Sie die Nahtzugaben am Beleg zurück, und machen Sie ringsum kleine Einschnitte (Vorsicht, nicht in die Naht hineinschneiden!).

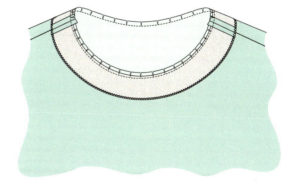

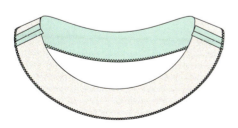

RUNDER HALSAUSSCHNITT
MIT BELEG

6 Schlagen Sie den Beleg nach innen um, rollen Sie die Kante zwischen den Fingerspitzen, um die Naht herauszuarbeiten, und bügeln Sie sie zur linken Seite (ca. 1–2 mm versetzt) hin, damit sie von rechts nicht sichtbar ist.

7 Nähen Sie den Beleg an den Schulternähten mit lockeren Handstichen fest. Vorsicht: Stechen Sie dabei nicht in die Außenseite des Oberteils, sondern erfassen Sie nur dessen Nahtzugaben und den Beleg.

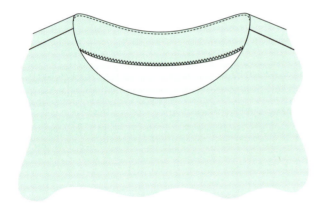

TIPP

Sie können die Nahtzugaben des festgenähten Belegs nach Schritt 5 auch von innen auf einem Ärmelkissen auseinanderbügeln und dann den Beleg knappkantig neben der Ausschnittnaht absteppen. Dabei nähen Sie durch den Beleg und die Nahtzugaben. Auf diese Weise rollt sich der Beleg am Oberteil nicht nach außen.

FLACHKRAGEN

Tutorials

Gut für Anfänger geeignet ist der Flachkragen, da er nur aus zwei Teilen besteht und ohne Steg gearbeitet wird. Als Bubikragen verleiht er Kinderkleidern eine nostalgische Note (siehe auch Rüschenkleid, Seite 57), und auch mit spitzen Ecken wirkt eine Bluse dadurch femininer als mit einem Hemdkragen.

1 Bügeln Sie die Einlage auf den Unterkragen. Stecken Sie Ober- und Unterkragen rechts auf rechts aufeinander, die untere Ansatzkante bleibt offen.

5 Heften Sie die Kanten mit Schrägstichen, schieben Sie dabei die Nahtlinie etwas (nur 1–2 mm) zum Unterkragen hin. Bügeln Sie die Kanten flach.

2 Nähen Sie die Kragenteile zusammen; die Rundungen nähen sich leichter mit kleineren Stichen.

6 Stecken Sie den Unterkragen rechts auf rechts an die Halsausschnittkante, achten Sie dabei auf die Markierungen, und steppen Sie ihn fest.

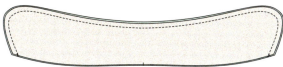

3 Schneiden Sie die Nahtzugaben gestuft zurück, schrägen Sie gegebenenfalls die Ecken ab, und kerben Sie sie an den Rundungen vorsichtig ein.

7 Bügeln Sie die Nahtzugaben an der Ansatzkante nach innen in den Kragen. Schlagen Sie die Nahtzugabe des Oberkragens ein, und stecken Sie sie an der Ansatznaht fest.

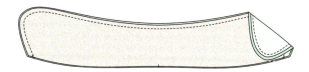

8 Nähen Sie den Oberkragen mit kleinen Staffierstichen von Hand fest.

4 Wenden Sie den Kragen nach rechts, rollen Sie die Naht von außen ein wenig mit den Fingerspitzen, und drücken Sie die Naht sorgfältig nach außen.

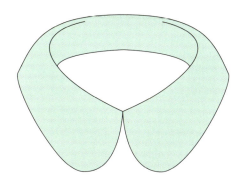

BLUSENKRAGEN
MIT STEG

Für klassische Blusen und Männerhemden schneidet man einen Hemdkragen mit separatem Steg zu. Der Kragen sollte sehr sorgfältig gearbeitet werden, da er immer im Blickfeld steht. Füßchenbreit abgesteppt, passt er gut zu einem sportlichen Look (siehe auch Hemdbluse, Seite 35).

Kragen nähen

1 Bügeln Sie von der linken Seite Einlage auf den Unterkragen und auf das äußere Stegteil.

2 Legen Sie die Kragenteile an den seitlichen und oberen Kanten rechts auf rechts, stecken und nähen Sie sie an den Nahtlinien aufeinander.

3 Bügeln Sie die Naht flach, schneiden Sie die Zugaben gestuft zurück (am Oberkragen sollte sie länger sein), und schrägen Sie sie an den Ecken ab.

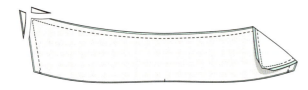

4 Wenden Sie den Kragen nach rechts, und drücken Sie die Ecken zum Beispiel mit einer stumpfen Stiftspitze nach außen. Rollen Sie die Nahtkante mit den Fingerspitzen, um sie herauszuarbeiten, und bügeln Sie die Kante zum Unterkragen hin. Steppen Sie den Kragen nach Belieben ab.

5 Stecken und heften Sie den Kragen an den Unterkanten rechts auf rechts an die Oberkante des verstärkten äußeren Stegteils (dabei sollte der Unterkragen auf der rechten Seite des Stegs liegen). Achten Sie darauf, dass der Kragen mittig ausgerichtet ist und die Teile an allen Markierungen übereinstimmen.

6 Legen Sie dann das zweite Stegteil darüber, stecken und heften Sie es fortlaufend an der Oberkante des Stegs durch alle Lagen fest. Steppen Sie die Naht, nähen Sie dabei an den Stegenden nur bis zur Nahtlinie und nicht über die Nahtzugaben.

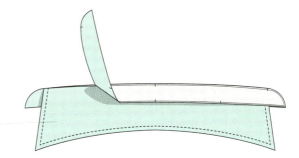

1 Schneiden Sie die Nahtzugaben gestuft zurück (die breitere sollte auf der Steginnenseite liegen), und kerben Sie die Zugaben an der Stegrundung ein. Wenden Sie die Stegteile nach rechts, arbeiten Sie die Naht heraus, und bügeln Sie sie sorgfältig.

2 Schneiden Sie die Nahtzugaben gestuft zurück, die breitere sollte am Steg liegen. Bei festen Stoffen können Sie die Nahtzugaben einknipsen. Vorsicht, dabei nicht in die Naht schneiden!

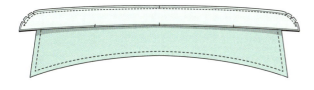

3 Bügeln Sie (am besten auf einem kleinen Ärmelbock) die Nahtzugaben zum Kragen hin. Schlagen Sie das innere Stegteil an der Unterkante ein, und nähen Sie es mit kleinen Staffierstichen an der Ansatznaht fest. Bügeln Sie den Kragen mit Steg, und steppen Sie ihn nach Belieben ab.

Hemdkragen ansetzen

1 Am Oberteil sollten alle Nähte im Bereich des Halsausschnitts geschlossen sein. Stecken Sie das äußere Stegteil an der Unterkante rechts auf rechts an die Ausschnittkante. Nähen Sie die Teile zusammen, und vernähen Sie Nahtanfang und -ende sorgfältig.

TIPP

Nähen Sie an den Kragenecken mit kürzeren Stichen, dann hat der Kragen später exaktere Kanten. Und nähen Sie direkt an den Ecken keine Spitze, sondern zwei Querstiche.

GERADER BUND

Kleidungsstücke wie Röcke oder Hosen brauchen einen Taillenabschluss. Dabei hat man die Wahl zwischen einem geraden Bund, einem Formbund oder einem Beleg oder Gurtband an der Innenseite. Bei weiter geschnittenen Modellen kann man einen Zugsaum nähen. Ganz gleich, für welche Variante man sich entscheidet, am Kleidungsstück müssen vor dem Ansetzen des Bunds die Längsnähte geschlossen und der Reißverschluss oder die Verschlussleiste fertig verarbeitet sein.

1 Schneiden Sie den Bund in gewünschter Breite und Länge mit Nahtzugaben und Zugaben für Über- und Untertritt zu (je nach Verschluss). Bügeln Sie eine fertig vorgestanzte Bundeinlage auf die linke Stoffseite. Beachten Sie, dass es dabei eine etwas breitere Hälfte gibt, die sich später an der Innenseite des Bunds befinden soll.

3 Stecken Sie die Bundansatzkante rechts auf rechts an die Oberkante des Kleidungsstücks, achten Sie darauf, dass die Teile an den Markierungen übereinstimmen. Halten Sie dabei die Oberkante leicht ein, es dürfen jedoch keine Fältchen entstehen (man kann dafür auch eine Reihnaht nähen).

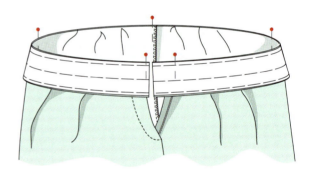

2 Unterteilen Sie die Oberkante des Kleidungsstücks sowie die Ansatzkante des Bunds in vier gleich breite Abschnitte (die Zugaben und Über-/Untertritt rechnen Sie dabei nicht hinzu), um die Bundweite gleichmäßig zu verteilen. Markieren Sie die Unterteilungen mit Stecknadeln oder Schneiderkreide.

4 Heften und steppen Sie den Bund in der vorgestanzten Nahtlinie fest. Schneiden Sie die Nahtzugabe am Bund zurück, klappen Sie das Bundteil um, und bügeln Sie die Nahtzugaben zum Bund hin.

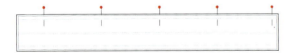

5 Schlagen Sie die vorgestanzte Nahtzugabe an der offenen Bundkante nach innen, und bügeln Sie sie. Schlagen Sie den Bund rechts auf rechts um, und schließen Sie die Schmalseiten bis zur Ansatznaht. Schneiden Sie die Nahtzugaben gestuft zurück, und schrägen Sie sie an den Ecken ab.

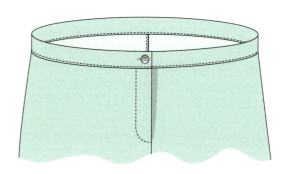

6 Wenden Sie den Bund nach rechts, drücken Sie die Ecken mit einem stumpfen Stift nach außen, und bügeln Sie diese und fortlaufend die obere Bundkante. Schlagen Sie die Kante innen am Bund ein, und heften Sie sie fest. Steppen Sie dann den Bund von rechts knappkantig fest. Sie können die Bruchkante (inklusive Einschlag am Untertritt) auch von links mit Staffierstichen von Hand an der Naht befestigen. Bringen Sie dann noch den gewünschten Verschluss an.

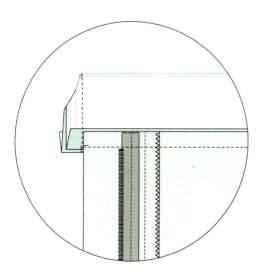

FORMBUND & HÜFTPASSE

Diese Bundvariante ist meist breiter und rückt die Taille in den Vordergrund. Die Bundteile werden dafür nicht gerade, sondern „in Form" geschnitten, damit sie sich den Rundungen des Körpers anpassen. Manchmal besteht der Bund aus mehreren Teilen, er wird auf jeden Fall immer mit einem separaten Beleg zugeschnitten. Die Hüftpasse sitzt tiefer und ist genau genommen kein Bund, wird aber nach derselben Methode gearbeitet (siehe auch Rock mit Passe, Seite 45).

1 Schneiden Sie die entsprechenden Bundteile zweimal aus Oberstoff und einmal aus Einlage zu, und bügeln Sie die Einlage auf den Bundbeleg.

2 Stecken und heften Sie das Bundteil und den Beleg an der Oberkante und den Seiten rechts auf rechts. Nähen Sie sie dann zusammen, jedoch an den Schmalseiten nur bis zur Nahtlinie der Ansatzkante (nähen Sie also nicht über die unteren Nahtzugaben). Schneiden Sie die Nahtzugabe am Bundteil etwas zurück, und schrägen Sie sie an den oberen Ecken ab. Bei festen Stoffen können Sie auch an der oberen

Kante kleine Einschnitte machen, damit sie sich nach dem Wenden des Bunds besser formen lässt. Die Nahtzugaben lassen sich am besten auf einem Ärmelbrett oder einem Bügelkissen auseinanderbügeln.

3 Wenden Sie den Bund nach rechts, heften und bügeln Sie die Kanten sorgfältig.

4 Unterteilen Sie die Oberkante des Kleidungsstücks sowie die Ansatzkante des Bunds in vier gleichmäßig breite Abschnitte (die Zugaben und Über-/Untertritt rechnen Sie dabei nicht hinzu), um die Bundweite gleichmäßig zu verteilen. Markieren Sie die Unterteilungen mit Stecknadeln.

5 Stecken Sie das Bundteil mit der Ansatzkante rechts auf rechts an die Taillenkante des Kleidungsstücks, achten Sie darauf, dass die Kanten an den Markierungen übereinstimmen. Halten Sie dabei die Taillenkante leicht ein, es dürfen jedoch keine Fält-

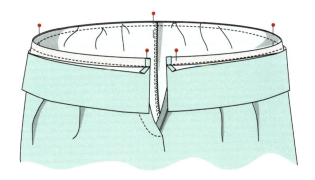

chen entstehen. Steppen Sie den Bund in der Nahtlinie fest, schneiden Sie die Nahtzugaben am Bundteil
zurück, und bügeln Sie sie zum Bund hin.

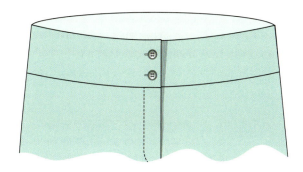

6 Schlagen Sie die Nahtzugabe an der Unterkante
des Belegs um, und nähen Sie sie mit kleinen
Staffierstichen an die Ansatznaht und fortlaufend an
Über-/Untertritt. Bügeln Sie den Bund, und bringen
Sie den gewünschten Verschluss an.

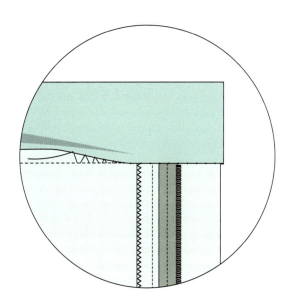

TUNNELZUG & ZUGSAUM

Mit einem Tunnelzug lassen sich auf einfache Weise locker geschnittene Kleider, Overalls, Hosen und Röcke auf Taille bringen (siehe auch Overall, Seite 89). Mehrere „Tunnel" nebeneinander gesetzt, dienen zudem als gestaltendes Element und formen die Silhouette. Außerdem ist der Zugsaum praktisch, da man das eingezogene Band verstellen und der Taille individuell anpassen kann.

Angeschnittener Zugsaum

Die Taillenkante sollte für diese Variante mit Gummizug gerade sein. Legen Sie fest, wie breit das Gummiband sein soll. Rechnen Sie an der Taillenkante des Kleidungsstücks beim Zuschneiden einen Umschlag in dieser Breite plus etwa mindestens 7 mm (Spielraum für das Band) und eine Nahtzugabe von 1 cm hinzu.

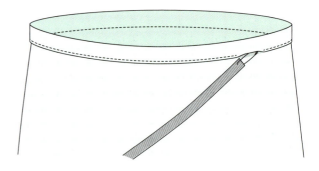

1 Schließen Sie alle Längsnähte am Kleidungsstück, und bügeln Sie die Nahtzugabe nach links um. Bügeln Sie dann den angeschnittenen Umschlag bis zur Taillenkante nach links um, und stecken Sie ihn fest.

2 Steppen Sie den Umschlag zuerst unten knappkantig fest, lassen Sie dabei an einer Längsnaht des Kleidungsstücks eine Öffnung von 3–5 cm zum Einziehen des Bands frei. Die Oberkante können Sie wahlweise ebenfalls absteppen.

3 Ziehen Sie das Gummiband mithilfe einer Sicherheitsnadel in den Tunnel. Nähen Sie es in der gewünschten Länge an den Enden zusammen, und schieben Sie es zurück in den Tunnel. Die Öffnung können Sie nach Belieben zusteppen.

Untersteppter Zugsaum

Man kann einen Tunnelzug in ein einteiliges Kleidungsstück ohne Taillennaht einarbeiten, indem man
ein Band von innen untersteppt. Damit es nicht aufträgt, sollte es unbedingt aus dünnem Stoff sein, man
kann auch ein fertig vorgefalztes Schrägband verwenden. Soll ein Band sichtbar eingezogen werden,
braucht man kleine Schlitze am Kleidungsstück, die in
einer Naht sitzen können oder eingeschnitten wie
Knopflöcher umstochen werden.

1 Legen Sie fest, wie breit das Band für den Zugsaum sein soll. Rechnen Sie zu dieser Breite etwa
7 mm (Spielraum für das Band) und eine Nahtzugabe
von 0,5 cm pro Kante, also insgesamt ca. 1,7 cm hinzu. Messen Sie den Umfang des Kleidungsstücks auf
Höhe des geplanten Zugsaums, und rechnen Sie an
beiden Enden jeweils 1 cm Nahtzugabe hinzu, um die
Länge des Stoffstreifens zu ermitteln.

2 Schneiden Sie den Streifen für den Zugsaum in
schrägem Fadenlauf nach der Berechnung in
Schritt 1 zu. Bügeln Sie die Nahtzugaben an allen Kanten um, und steppen Sie sie an den Schmalseiten fest.
Schneiden Sie, falls nötig, kleine Öffnungen zum
Einziehen des Bands in das Kleidungsstück, und
umstechen Sie sie mit Knopflochstichen.

3 Stecken und heften Sie das Schrägband auf Tail-
lenhöhe an der Innenseite des Kleidungsstücks
fest. Steppen Sie das Band an beiden Längskanten
knappkantig fest. Ziehen Sie das Band mithilfe einer
Sicherheitsnadel durch den Tunnel.

TIPP

Damit beim Feststecken des Bands
nicht die unteren Lagen des Kleidungsstücks mit erfasst werden,
können Sie einen festen Karton unterlegen oder das Ganze zum Stecken
über ein Ärmelbrett legen.

AUFGESETZTE TASCHEN

Eines der wichtigsten und nützlichsten Details an Kleidungsstücken sind Taschen. Es gibt sie in unterschiedlichsten Varianten, die alle in zwei Hauptkategorien eingeordnet werden: aufgesetzte und eingesetzte Taschen, Nähanfänger sollten mit Ersteren beginnen. Mit aufgesetzten Taschen wird eine einfache Hose oder ein Rock schnell zu einem individuellen Kleidungsstück (siehe auch Hose für Kids, Seite 53). Man kann sie in verschiedenen Formen und wahlweise mit Futter anfertigen. Bei dünnen oder locker gewebten Stoffen sollte eine Einlage auf die linke Seite aufgebügelt werden.

Aufgesetzte Taschen ohne Futter

1 Verwenden Sie eine Papiervorlage aus einem Schnittmuster, oder zeichnen Sie selbst eine Vorlage in den gewünschten Maßen.

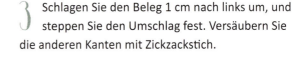

2 Schneiden Sie die Tasche mit einem Beleg (je nach Taschengröße 4–6 cm breit) an der oberen Kante sowie 1 cm Nahtzugabe an den anderen Kanten zu. Markieren Sie die Nahtlinien mit Heftgarn.

3 Schlagen Sie den Beleg 1 cm nach links um, und steppen Sie den Umschlag fest. Versäubern Sie die anderen Kanten mit Zickzackstich.

4 Schlagen Sie den Beleg bis zur fertigen Taschenkante zur rechten Seite um, und steppen Sie ihn seitlich an den Nahtlinien fest.

5 Steppen Sie an den Rundungen (im Bereich der Nahtzugaben) eine kleine Reihnaht, um sie später leichter umschlagen zu können. Schieben Sie den Stoff am Reihfaden vorsichtig zusammen, um ihn an der Rundung einzuhalten. Schrägen Sie die Nahtzugabe an den oberen Ecken leicht ab, wenden Sie den Beleg nach links, und bügeln Sie ihn flach. Nähen Sie ihn von links knappkantig mit der Nähmaschine oder mit Saumstichen von Hand fest.

6 Schlagen Sie die Nahtzugabe nach links um, bügeln und heften Sie den Umschlag mit kleinen Stichen.

7 Stecken Sie die Tasche an die gewünschte Position auf das Kleidungsstück, heften und steppen Sie sie knappkantig fest. Sie können auch eine zweite Naht in füßchenbreitem Abstand dazu steppen.

Aufgesetzte Taschen mit Futter

1 Schneiden Sie das Taschenteil wie bei der ersten Variante zu. Schneiden Sie das Futter aus einem dünnen Stoff nach der Taschenvorlage ringsum mit 1 cm Nahtzugabe zu, jedoch ohne die Beleghöhe.

2 Stecken Sie Futterteil und Tasche an der Oberkante rechts auf rechts, und nähen Sie die Teile zusammen, lassen Sie dabei in der Mitte eine kleine Öffnung (ca. 5 cm) frei. Klappen Sie das Futterteil um, und bügeln Sie die Nahtzugaben zum Futter hin.

3 Stecken Sie Futter und Tasche an den unteren und seitlichen Kanten rechts auf rechts. Nähen Sie sie dann entlang der Nahtlinie zusammen. Schneiden Sie die Nahtzugaben gestuft zurück, und schrägen Sie sie an den Ecken ab.

4 Wenden Sie die Tasche durch die Öffnung im Futter nach rechts. Bügeln Sie die Kanten sorgfältig aus und die Naht leicht versetzt zur linken Seite hin. Schließen Sie die Öffnung am Futter mit Handstichen, und nähen Sie die Tasche wie in der ersten Variante fest. Sie können sie auch von Hand mit kleinen Staffierstichen (siehe auch Handsäume, Seite 174) annähen.

NAHTTASCHEN

Am unauffälligsten wirkt eine Tasche an einem Kleidungsstück, wenn man sie in eine Naht integriert. Damit der Taschenbeutel auch beim Hineingreifen möglichst dezent bleibt, sollte er im Bereich der Eingriffskante aus Oberstoff bestehen. Dafür näht man einen breiteren Stoffstreifen an das Taschenfutter. Bei dünnen Stoffen können die Taschen auch ganz aus Oberstoff bestehen (siehe auch Tulpenrock, Seite 49).

1 Verstärken Sie die Tascheneingriffskante am Vorderteil mit einem 3 cm breiten Streifen aus Bügeleinlage. Legen Sie einen Taschenbeutel rechts auf rechts auf die Eingriffskante, und stecken Sie ihn fest.

2 Steppen Sie den vorderen Taschenbeutel in der Nahtlinie fest. Versäubern Sie die Nahtkante am Taschenbeutel sowie an den Seiten des Vorderteils.

3 Nähen Sie den anderen Taschenbeutel am rückwärtigen Teil fest, und versäubern Sie ebenfalls die Nahtkante und die Seiten separat.

4 Schlagen Sie die Taschenbeutel nach außen, und legen Sie Vorder- und Rückenteil an den Seiten rechts auf rechts. Stecken und heften Sie sie zunächst an der Taschenöffnung aufeinander. Achten Sie darauf, dass die Nahtlinien genau aufeinanderliegen.

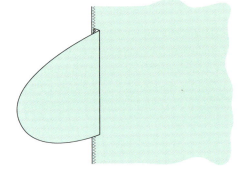

5 Heften und nähen Sie dann die Seitennaht ober- und unterhalb der Taschenöffnung, achten Sie dabei auf die Markierungen, und vernähen Sie Nahtanfang und -ende sorgfältig.

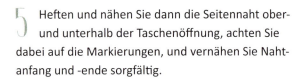

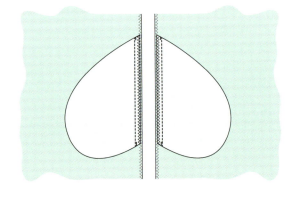

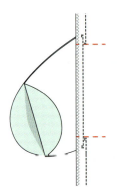

6 Bügeln Sie die rückwärtigen Taschennähte auseinander und die Nahtzugabe der vorderen Taschennähte zum Vorderteil hin.

7 Stecken Sie die Taschenbeutel an den gerundeten Kanten aufeinander, und nähen Sie sie zusammen. Fassen Sie dabei an den Enden die Nahtzugaben des vorderen Taschenteils mit.

8 Versäubern Sie die gerundeten Taschenkanten gemeinsam, fassen Sie dabei die vordere Nahtzugabe ober- und unterhalb der Taschenöffnung mit. Bügeln Sie die Tasche zum Vorderteil hin, und ziehen Sie die Heftfäden an der Öffnung heraus.

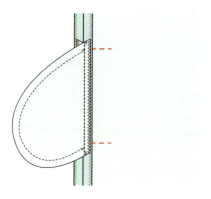

HÜFTPASSENTASCHEN

Diese Taschenvariante eignet sich gut für Hosen und Röcke. Sie besteht immer aus zwei unterschiedlichen Schnittteilen: dem Hüftpassenteil, an das bereits ein Taschenbeutel angeschnitten ist, und dem zweiten Taschenbeutel, der an die Eingriffskante genäht wird. Das Hüftpassenteil ist am fertigen Kleidungsstück sichtbar, deshalb wird es aus dem Oberstoff zugeschnitten, wobei der Bereich des Taschenbeutels auch mit Futterstoff ergänzt werden kann. Der Eingriff kann unterschiedlich geformt sein, meist ist er schräg oder gerundet (siehe auch Herrenhose, Seite 141).

1 Bügeln Sie einen ca. 3 cm breiten Einlagestreifen von links auf die Eingriffskante des Schnittteils, um sie zu verstärken.

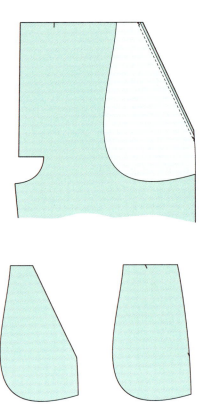

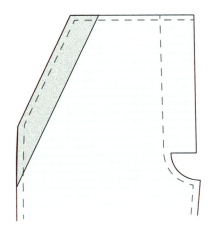

2 Legen Sie den Taschenbeutel an der Eingriffskante rechts auf rechts auf das Vorderteil, und stecken Sie ihn fest. Nähen Sie die Teile an der Eingriffskante zusammen, und schneiden Sie die Nahtzugaben gestuft zurück (die breitere sollte sich am Vorderteil befinden). Schneiden Sie bei einer gerundeten Kante die Nahtzugaben vorsichtig in gleichmäßigen Abständen bis knapp vor der Nahtlinie ein.

3 Bügeln Sie die Nahtzugaben auseinander, und schlagen Sie den Taschenbeutel dann zur linken Seite um. Bügeln Sie die Eingriffskante so, dass die Naht etwas zur linken Seite hin verschoben ist.

4   Heften Sie die Eingriffskante, und steppen Sie sie nach Belieben füßchenbreit ab.

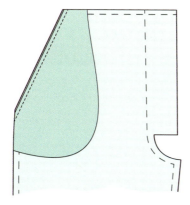

5   Stecken Sie das Hüftpassenteil und den Taschenbeutel an den inneren, (meist) gerundeten Kanten rechts auf rechts, und nähen Sie sie zusammen.

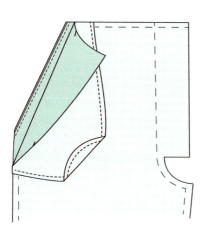

6   Versäubern Sie beide Nahtzugaben an der gerundeten Kante gemeinsam. Stecken und heften Sie die seitliche Kante der Tasche an die seitliche Kante

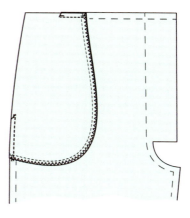

des Vorderteils sowie die obere Taschenkante an die Oberkante des Vorderteils.

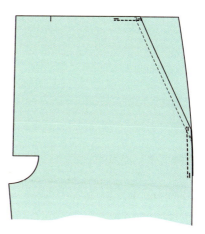

7   Schließen Sie die Seitennaht von Rock oder Hose, dabei wird die Tasche mitgefasst. Bügeln Sie die Seitennaht aus. Beim Ansetzen des Bunds wird dann die obere Taschenkante mitgefasst.

PASPELTASCHEN &

PASPELIERTE SCHLITZE

Eine Herausforderung für passionierte Hobbyschneider: paspelierte Schlitze und Paspeltaschen. Erstere sind zum Beispiel bei Capes als Armschlitze einsetzbar (siehe auch Trench-Cape, Seite 155); wenn man von innen Taschenbeutel darannäht, werden daraus Paspeltaschen. Es lohnt sich, diese Technik zu üben, da sie ein Modell richtig professionell wirken lässt. Das Wichtigste dabei ist, genaue Markierungen anzubringen und dann Schritt für Schritt vorzugehen.

Schlitz paspelieren

1 Markieren Sie den Schlitz und sämtliche Nahtlinien mit kleinen Heftstichen am Schnittteil.
Bügeln Sie im Schlitzbereich Einlage auf die linke
Stoffseite, sie sollte an allen Seiten einige Zentimeter
länger und breiter als die Schlitzöffnung sein.

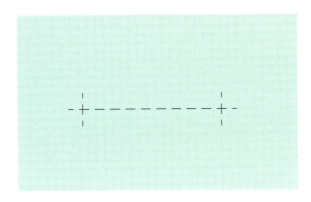

2 Schneiden Sie zwei Stoffstreifen in schrägem
Fadenlauf zu, sie sollten etwa 5 cm länger als der
markierte Schlitz und etwa viermal so breit wie die
fertige Paspel sein.

3 Stecken Sie die Streifen rechts auf rechts an die
Schlitzmarkierung, sodass sie aneinanderstoßen,
und nähen Sie sie jeweils in der gewünschten Paspelbreite fest.

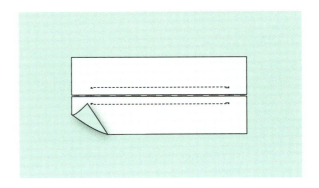

4 Schneiden Sie den Schlitz zuerst an der Mittellinie
ein, schneiden Sie weiter bis etwa 1,5 cm vor den
Enden und dann schräg zu den Nahtenden hin. Verwenden Sie eine kleine scharfe Schere, damit Sie exakt bis zum ersten Stich schneiden können.

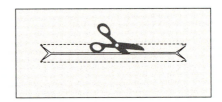

5 Schieben Sie die Paspelstreifen durch den Schlitz auf die linke Seite, und falten Sie sie um die Nahtzugaben. Bügeln und heften Sie die Paspel, sie müssen gleichmäßig breit sein. Steppen Sie die Paspel im Nahtschatten von der rechten Seite fest. Achten Sie darauf, dass die kleinen Dreiecke frei liegen.

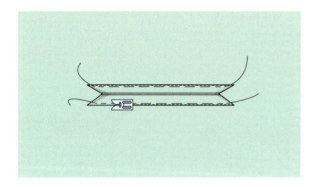

6 Ziehen Sie die kleinen Dreiecke an den Enden nach innen, und richten Sie sie gleichmäßig aus. Schlagen Sie den Oberstoff an den Dreiecken zurück, und legen Sie das Dreieck jeweils exakt auf die Paspelenden (Dreieckspitze liegt genau in der Mitte). Nähen Sie mit kleinen Stichen quer darüber, und fassen Sie dabei die Paspelenden mit.

Taschenbeutel anbringen

1 Schneiden Sie die Taschenbeutel in gewünschter Länge (einen davon einige Zentimeter länger) und etwa 5 cm breiter als die Schlitzöffnung zu.

2 Stecken Sie die Taschenbeutel jeweils rechts auf rechts an die offenen Kanten der Paspel (den längeren dicht neben die Steppnaht des oberen), und nähen Sie sie fest. Bügeln Sie den unteren Taschenbeutel nach unten, und legen Sie beide Taschenbeutel flach aufeinander. Stecken und nähen Sie sie an den Seiten und der Unterkante zusammen, fassen Sie dabei die Paspelenden mit den Dreiecken mit. Versäubern Sie die Kanten, falls kein Futter vorgesehen ist.

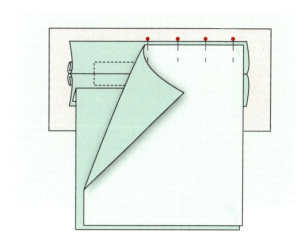

JACKE ABFÜTTERN

Eine Jacke mit Futter gehört zu den Projekten für Fortgeschrittene (siehe auch Blouson, Seite 105). Das Futter wird immer zum Schluss in einer Jacke befestigt, erst dann, wenn die Außenhülle bis auf den Verschluss komplett fertiggestellt ist. Damit es bequem sitzt und sich am Oberstoff keine Zugfalten ergeben, wird an der Rückennaht meist eine breite Bewegungsfalte eingelegt. Das Futter kann mit den Belegen des Oberstoffs verstürzt oder von Hand an die Belege gesäumt werden.

1 Stellen Sie das Kleidungsstück aus Oberstoff gemäß Schnittmusteranleitung bis auf den Verschluss fertig. Säumen Sie es mit Handstichen an der Unterkante und den Ärmeln.

2 Nähen Sie dann alle Futterteile nach Schnittmusteranleitung zusammen, und legen Sie in der Rückennaht gegebenenfalls eine breite Falte ein. Bügeln Sie die Falte zu einer Seite und alle anderen Nähte auseinander. Setzen Sie die Ärmel ein.

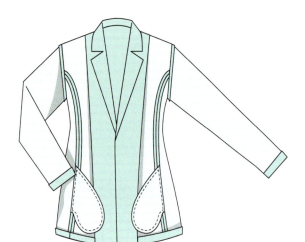

3 Stülpen Sie die Futterjacke über die Außenjacke, und stecken Sie sie ringsum an den Belegkanten rechts auf rechts fest. Achten Sie darauf, dass die Teile an den Markierungen übereinstimmen.

4 Nähen Sie das Futter an den Belegen fest, und wenden Sie es nach außen. Steppen Sie es nach Belieben am Vorderteilbeleg ab. Schieben Sie die Futterärmel in die Jackenärmel. Bügeln Sie die Nahtzugaben an der Ansatznaht zur Futterjacke hin.

6 Stecken Sie das Futter am Saum fest, legen Sie dabei eine kleine Bewegungsfalte von 3–5 cm ein. Nähen Sie das Futter mit Staffierstichen fest, und bügeln Sie die Falte ein. Nähen Sie das Futter auf die gleiche Weise an den Ärmeln fest. Zum Schluss können Knopflöcher genäht und Knöpfe befestigt werden.

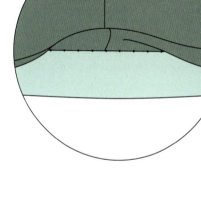

5 Schieben Sie das Futter an den Seiten hoch, und befestigen Sie es von innen mit lockeren Handstichen an den Schulternähten und im Achselbereich. Nähen Sie dabei nicht auf die Vorderseite durch, sondern stechen Sie nur in die Nahtzugaben!

JERSEY VERARBEITEN

Aus Stretch- und Sweatshirt-Stoffen lässt sich lässige bequeme Kleidung nähen. Allerdings muss man beim Verarbeiten einiges beachten. Damit sich die Nähte bei Bewegung mitdehnen können, müssen sie ebenfalls elastisch sein (siehe auch Overall, Seite 89).

Sehr praktisch ist dafür eine Overlock-Maschine, mit der man Teile gleichzeitig zusammennähen und versäubern kann und die zudem gleich die Kanten abschneidet. Manche Nähmaschinen verfügen über spezielle Sticharten für dehnbare und elastische Stoffe. Aber auch mit einer einfachen Haushaltsnähmaschine lässt sich Jersey verarbeiten. Am besten heftet man das Teil zuerst, um die Passform zu prüfen, denn Nähte lassen sich nur schwerlich wieder auftrennen.

Für die Nähmaschine gibt es spezielle Jerseynadeln in verschiedenen Stärken, die eine Kugelspitze haben – normale Spitzen würden die feinen Maschen verletzen. Die niedrigen Stärken sind für feinere Jerseystoffe geeignet, die höheren für Sweatshirt-Stoffe. Daneben gibt es Stretchnadeln für Stoffe mit Elastananteil. Stellen Sie zum Nähen einen schmalen Zickzackstich (normale Stichlänge, Stichbreite 0,5–1,5) oder den Elastikstich ein, über den viele Nähmaschinen verfügen.

Für die Verarbeitung von elastischen Stoffen können Sie normales Nähmaschinengarn verwenden. Machen Sie auf jeden Fall eine Nähprobe an einem Reststück des Stoffes, den Sie verarbeiten wollen, um zu sehen, wie er sich beim Nähen und Bügeln verhält.

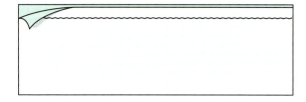

Es gibt aber auch Nähte an Kleidungsstücken, die sich nicht mitdehnen sollen, weil sie sonst im Lauf der Zeit ausleiern, wie etwa an den Schultern. Dort kann man beim Nähen ein Nahtband mitfassen.

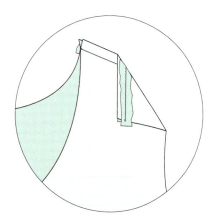

Die Nähte wellen beim Nähen schnell, das kann man durch leichtes Bügeln wieder ausgleichen. Jedoch dürfen elastische Stoffe nicht zu heiß oder unter starkem Druck gebügelt werden, da sie sich sonst verziehen oder ausdehnen. Achten Sie beim Bügeln auch darauf, dass sich die Nahtzugaben nicht durchdrücken. Schieben Sie nach dem Ausbügeln der Nähte am besten noch einmal die Bügeleisenspitze unter die Nahtzugaben, um Druckstellen zu glätten.

Noch ein Tipp: Zum Annähen von Strickbündchen können Sie ebenfalls einen Elastikstich verwenden, dehnen Sie dabei (nur) das Bündchen beim Steppen.

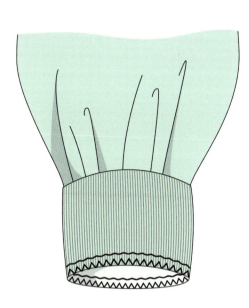

WEBPELZ VERARBEITEN

Die Säume von Pelzimitationen mit hohem Flor tragen zu sehr auf, wenn sie auf herkömmliche Weise genäht werden (siehe auch Stola, Seite 101). Falls das Modell nicht abgefüttert wird, können Sie eine spezielle Verarbeitungsmethode ausprobieren.

1 Fügen Sie beim Zuschnitt als Saum 3 cm hinzu, und markieren Sie die Saumlinie mit Heftgarn.

2 Verwenden Sie vorgefalztes oder aus einem dünnen glatten Stoff zugeschnittenes Schrägband, stecken Sie es rechts auf rechts bündig an die Saumkante des Kleidungsstücks, am besten den Anfang mit einer Naht übereinstimmend.

3 Nähen Sie das Schrägband in der vorgefalzten Linie fest, schlagen Sie es an Anfang und Ende 1 cm nach links ein, oder nähen Sie die Enden bei geschlossenen Teilen überlappend zusammen.

4 Schlagen Sie den Saum an der markierten Linie nach links um, stecken und heften Sie ihn durch die Saumkante fest, ohne das Schrägband zu erfassen. Schlagen Sie jedoch noch nicht den Schrägstreifen um! Nähen Sie zunächst die beiden Schnittkanten (von Schrägband und Webpelz) mit Hexenstichen (siehe Seite 171) auf der linken Stoffseite fest.

5 Klappen Sie nun das Schrägband um, bügeln Sie die Ansatznaht (Vorsicht, Webpelz kann nicht heiß gebügelt werden!), und stecken Sie es auf der linken Seite des Kleidungsstücks fest. Nähen Sie das Band an der eingeschlagenen Kante und an den Enden mit Staffierstichen (siehe Seite 172) fest.

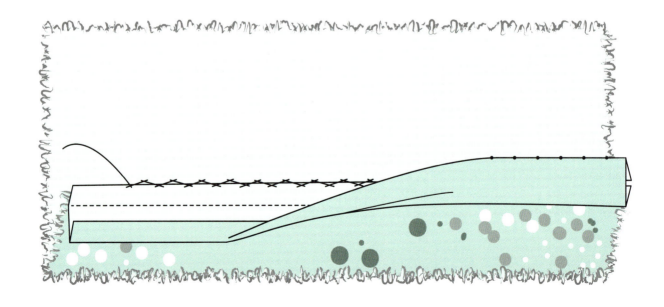

GLOSSAR

Absteppen

Mit der Nähmaschine entlang einer Naht oder einer Kante auf der rechten Stoffseite nähen. Dient zur Verziehrung oder zum Flachhalten von Nahtzugaben.

Besatz oder Beleg

Ein Stoffteil zum Verstürzen von Kanten und Ausschnitten. Er wird in Form der Kante zugeschnitten, die verstürzt werden soll. Häufig gibt es im Schnittmuster kein extra Schnittteil für den Besatz, er ist dann direkt in den zugehörigen Teilen eingezeichnet und wird von dort abgepaust.

Bündig legen

Schnittteile so aufeinanderlegen, dass sie an den vorgegebenen Schnittkanten exakt übereinstimmen.

Durchschlagstiche

Lockere Heftstiche, mit denen Schnittteile verbunden werden. Nach dem Zusammenheften zieht man die Teile vorsichtig an der Naht auseinander und schneidet die Stiche durch. Die verbleibenden Heftfäden dienen als Markierung.

Einhalten

Eine längere Nahtstrecke auf eine kürzere beim Nähen zusammenschieben (dient der Formgebung).

Einkerben

An Nähten mit nach außen gewölbten Rundungen werden aus den Nahtzugaben mit einer kleinen scharfen Schere kleine Dreiecke herausgeschnitten.

Einreihen oder Einkräuseln

Eine längere Nahtstrecke zu einer kürzeren zusammenraffen. Dazu zwei parallele Nähte in füßchenbreitem Abstand mit großen Stichen entlang der Kante nähen, Fäden nicht vernähen, sondern hängen lassen. Jeweils die beiden Unterfäden festhalten und den Stoff auf die gewünschte Länge zusammenschieben (einreihen).

Fadenlauf

Der Fadenlauf ist die Längsrichtung der Stoffbahn. Auf dem Papierschnitt ist die Bezeichnung Fadenlauf an einer geraden Linie oder Kante vermerkt, oder sie ist durch einen Pfeil im Schnittteil eingezeichnet. Beim Auflegen der Schnittteile auf den Stoff muss die Fadenlauflinie oder der Pfeil parallel zu den Längskanten (= Webkanten) des Stoffs verlaufen.

Füßchenbreit

Nähte oder Kanten werden füßchenbreit (ab-)gesteppt, das bedeutet, die Stoffkante wird beim Nähen genau an der rechten Kante des Nähmaschinenfüßchens entlanggeführt.

Heften

Mit großen Vorstichen von Hand nähen.

Knappkantig

Eine Naht oder Saumkante wird knappkantig abgesteppt, das heißt, die Steppnaht verläuft dabei dicht neben der Bruchkante (wie der des Saumeinschlags).

Nahttrenner

Kleines, stiftartiges Teil mit scharfkantiger Spitze zum Auftrennen von Nähten sowie zum Einschneiden von Maschinenknopflöchern.

Passzeichen

Markierungen (meist kleine Dreiecke) im Schnittmuster, an denen Schnittteile beim Nähen übereinstimmen müssen.

GLOSSAR

Rechte und linke (Stoff-)Seite

Die rechte Seite ist die „schönere", farblich meist intensivere Seite des Stoffes und befindet sich beim fertigen Modell außen. Die linke Stoffseite ist meist etwas matter und blasser und befindet sich auf der Innenseite des Kleidungsstücks.

Rechts auf rechts

Ein Schnittteil mit der rechten Stoffseite auf die rechte Stoffseite eines anderen Stoffteils legen. Die linken Stoffseiten liegen dann außen.

Saumlinie

Untere Abschlusskanten an einem Kleidungsstück, auch bei Ärmeln. An dieser Linie wird die Saumzugabe zur linken Seite umgeschlagen.

Saumzugabe

Angeschnittene Zugabe von meist 3–5 cm an der Unterkante oder an den Ärmeln eines Kleidungsstücks, die umgeschlagen und festgenäht wird.

Schneiderkopierpapier

Damit können Schnittmuster und Markierungen auf den Stoff kopiert werden. Die Linien werden mit einem Kopierrädchen übertragen und lassen sich durch Waschen des Stoffes leicht wieder entfernen.

Steppen

Mit der Nähmaschine Geradstiche nähen.

Stoffbruch

Die Bruchkante des doppelt gelegten Stoffes. Am Schnittteil ist diese gerade Kante ebenfalls mit Stoffbruch bezeichnet (gestrichelte Linie im Zuschneideplan). Beim Zuschneiden wird an dieser Kante keine Nahtzugabe benötigt, das Modell hat hier keine Naht.

Tunnelzug

Wird meist in der Taille angebracht durch Steppen von zwei parallel verlaufenden Nähten an einer doppellagigen Stoffpartie. Muss immer eine kleine Öffnung haben, durch die ein (Gummi-)Band eingezogen wird.

Über- und Untertritt

Bestandteile der Verschlussleiste; in den Übertritt werden oft Knopflöcher eingearbeitet. Der Untertritt ist der von außen meist unsichtbare Bereich am Kleidungsstück, der sich unter dem Übertritt befindet und auf dem Knöpfe o. Ä. angenäht sind.

Versäubern

An der Stoffkante der Nahtzugabe mit Zickzackstichen entlangnähen, damit diese nicht ausfranst. Stichlänge und -breite vorher ausprobieren. Alternativ geht dies mit einer Overlock-Maschine am besten. Es gibt auch andere Versäuberungsmethoden, wie das Einfassen einer Nahtzugabe mit Schrägband.

Verstürzen

Mit Verstürzen wird ein Nähvorgang bezeichnet, bei dem zwei Stoffteile rechts auf rechts zusammengenäht und dann nach links gewendet werden. Die Naht liegt in der Kante und wird meist abgesteppt.

Webkante

Die beiden Längskanten an einer Stoffbahn, die einen festen Abschluss haben und nicht fransen. Der Fadenlauf verläuft immer parallel zur Webkante.

Zurückschneiden

Die Kanten von zwei aufeinanderliegenden Nahtzugaben werden zur Naht hin abgeschnitten (zurückgeschnitten). Dadurch liegt die Naht nach dem Verstürzen (etwa bei Taschen oder Kragen) flacher und drückt sich auf der rechten Stoffseite nicht durch.

REGISTER

REGISTER

DIE BESTSELLER VON

GUIDO MARIA KRETSCHMER

Das große Nähbuch
ISBN 978-3-8419-0394-5
24,95 €

Anziehungskraft
ISBN 978-3-8419-0239-9
17,95 €

Eine Bluse macht noch
keinen Sommer
ISBN 978-3-8419-0326-6
17,95 €

... auch als Hörbuch erhältlich!

Notizbuch
ISBN 978-3-8419-0334-1
14,95 €

Anziehungskraft
ISBN 978-3-8419-0302-0
14,95 €

Eine Bluse macht noch
keinen Sommer
ISBN 978-3-8419-0354-9
14,95 €

 www.edel.com

IMPRESSUM

„Meine Nähschule" enthält Anleitungen und Schnitt-muster aus dem TV-Format „The Great British Sewing Bee", ein von der Love Productions Ltd für die BBC entwickeltes und für den deutschen Markt von der Tower Productions GmbH mit dem Titel „Geschickt ein-gefädelt – Wer näht am besten?" produziertes Format.

Edel Books
Ein Verlag der Edel Germany GmbH

Copyright © 2016
Edel Germany GmbH
Neumühlen 17
22763 Hamburg
www.edel.com

1. Auflage 2016

Projektkoordination: Gianna Slomka

Texte: Guido Maria Kretschmer und Gisela Witt

Satz, Redaktion und Lektorat:
bookwise medienproduktion GmbH

Coverfotografie © Gabo www.gabo-photos.com,
Fotos hinten © Andreas Friese © Benedikt Müller (ol)

Covergestaltung: Groothuis. Gesellschaft der Ideen und Passionen mbH | www.groothuis.de

Layoutgestaltung: Leeloo Molnár

Fotos im Innenteil:
Fotos zu den Burda-Schnittmustern: S. 5 (von oben links nach unten rechts): © Sven Hedström, Blasius Er-linger, Nikol Bartzoka, Blasius Erlinger, Uli Glasemann, Blasius Erlinger, S. 29 (von oben links nach unten rechts): © Frank Grimm, Adriano Brusaferri, Nikol Bartzoka, S. 34: © Adriano Brusaferri, S. 40: © Cees van Gelderen, S. 44: © Blasius Erlinger, S. 52: © Danie-la Reske, S. 56: © Uli Glasemann, S. 62: © Cees van Gelderen, S. 66: © Frank Grimm, S. 82: © Nikol Bart-zoka, S. 88: © Blasius Erlinger, S. 94: © Carlos Alsina, S. 100: © Sven Hedström, S. 104: © Peter Schreiber, S. 110: © Nikol Bartzoka, S. 116: © Adriano Brusaferri, S. 134: © Blasius Erlinger, S. 140: © Benjamin Schmidt, S. 146: © George Malekakis, S. 154: © Sebastian Stip-hout; © Andreas Friese: S. 7, 9, 39 (o), 61, 85, 145, 163, 168 (u); Fotolia: S. 11 (ul), 13 (o), 16 (M), 17 (or, ur), 19, 20, 21, 22 (M, u), 23 (ur, ul), 25 (o), 27, 39 (u), 116 (ol), 133 (o, ur); iStockphotos: S. 11 (ur) 12 (ol, or), 13 (u), 14 (ul, ur), 15 (o, u), 16 (o, u), 17 (l), 18, 22 (o), 24, 25 (M), 26, 112, 120 (or, u), 127 (o), 133 (ul), 139, 153, 168 (ol, or); © Benedikt Müller: S. 72, 77, 78, 122, 127 (u), 128, 132, 160, 167

Illustrationen (Tutorials, außer S. 182–183):
Petra Elkan

Schnitte und Schnittmuster: Ärmelloses Kleid, Top mit Reißverschluss, Bluse mit Stehkragen, Rock mit Taschen: © Tower Productions 2016; Mantel: © Guido Maria Kretschmer; alle weiteren Illustrationen, Schnitte und Schnittmuster nebst Anleitungen, Schnittbogen: © Verlag Aenne Burda GmbH & Co. KG, Offenburg 2016 (burda style)

burdastyle®, eine Marke der Hubert Burda Media.

Druck und Bindung: optimal media GmbH,
Glienholzweg 7
17207 Röbel / Müritz

Druck Schnittbogen: Aenne Burda GmbH & Co. KG

Printed in Germany
ISBN 978-3-8419-0406-5